经管文库·管理类

前沿·学术·经典

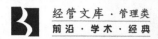

Research on Teaching Strategies of History
Courses in Colleges and Universities

高校历史课程教学策略研究

宗金北 ◎著

经济管理出版社

ECONOMY & MANAGEMENT PUBLISHING HOUSE

图书在版编目（CIP）数据

高校历史课程教学策略研究 / 宗金北著 . -- 北京 ：
经济管理出版社，2025. 4. -- ISBN 978-7-5243-0282-7

Ⅰ. K-42

中国国家版本馆 CIP 数据核字第 2025KY8609 号

组稿编辑：杨国强
责任编辑：白　毅
责任印制：张莉琼
责任校对：王淑卿

出版发行：经济管理出版社
　　　　　（北京市海淀区北蜂窝 8 号中雅大厦 A 座 11 层　100038）
网　　址：www.E-mp.com.cn
电　　话：（010）51915602
印　　刷：唐山玺诚印务有限公司
经　　销：新华书店
开　　本：710 mm×1000 mm/16
印　　张：12.25
字　　数：205 千字
版　　次：2025 年 6 月第 1 版　　2025 年 6 月第 1 次印刷
书　　号：ISBN 978-7-5243-0282-7
定　　价：98.00 元

前　言

　　本书聚焦新课程与新课标下的历史教学全面革新，对该背景下高校历史教学所面临的新要求和新挑战进行了深入剖析。强调高校历史教学在新课程和新课标的背景下应当积极顺应历史教学新趋势，更新教学理念，不断尝试教学模式的创新，以提升历史课堂效能。为应对高校历史教学提质增效的新挑战，本书还强调利用信息技术手段优化历史教学体验，培养创新精神与实践能力，深化历史教学内涵。旨在通过高校历史课程与其他学科的交叉融合教学，以及促进历史教师的专业成长与拓宽培训路径等方式构建一个全面而高效的历史教学质量保障体系，以期能为高校历史教学质量的提升与持续改进提供有力支持。

目　录

第一章　新课程与新课程标准下的历史教学革新需求

第一节　高校历史学科核心素养的阐释与构成

学科核心素养，是教育领域内一个至关重要的概念，它指的是学生在某一学科的学习过程中逐步形成的、具有该学科特征的基础知识、基本技能、基本思想、基本活动经验以及情感态度与价值观的综合体现。它是学科教育价值的集中体现，也是衡量教育质量的重要标准之一，其不仅关乎学生对学科知识的掌握程度，也关乎学生如何运用这些知识去解决问题、创新思考以及形成正确的价值观。

历史学科作为高校人文社科教育的重要组成部分，不仅承载着传授历史知识、培养历史思维的任务，还肩负着塑造学生人文素养、提升综合能力的使命。随着教育改革的深入，历史学科核心素养的培养逐渐成为高校历史教学的重要目标。

因此，高校学生在学习历史的过程中，逐步形成的关键能力、必备品格和价值观念，就是高校历史学科的核心素养。这些素养不仅体现在学生对历史知识的掌握上，更体现在运用历史知识解决实际问题、理解现实社会、进行批判性思考等方面的能力上。当学生们掌握了将历史知识学以致用的能力时，就真正具备了历史学科的核心素养。

一、高校历史学科核心素养的内涵

高校历史学科核心素养，包括历史知识素养、历史思维素养、历史人文素养和历史创新素养。

（一）历史知识素养

历史知识素养是历史学科最基础的核心素养，它包括学生掌握基本的历史事实、时间线索、重要历史人物和事件等。这是学生学习历史、理解历史的基础，也是进一步培养其他素养的前提。

（二）历史思维素养

历史思维素养是指学生在掌握历史知识的基础上，运用历史方法进行思考和分析的能力。它包括历史比较法、历史因果分析、历史归纳与演绎等思维方法。通过历史思维，学生能更深入地了解历史现象的本质，形成自己的历史观。

（三）历史人文素养

历史人文素养是指学生在学习历史过程中，形成对人类文化、社会和历史的深刻理解和尊重。它体现在学生对历史人物的同情理解、对历史事件的多元解读以及对不同文化传统的包容和尊重上。历史人文素养的培养有助于学生形成健全的人格和良好的品德。

（四）历史创新素养

历史创新素养是指学生在掌握历史知识和历史思维的基础上，能创造性地运用历史知识解决现实问题、提出新观点和新方法的能力。这包括历史研究方法的创新、历史叙述的创新以及跨学科的历史应用等。历史创新素养的培养有助于学生成为具有创新精神和实践能力的人才。

二、高校历史学科核心素养的构成

如前所述，历史学科作为高校教育的重要组成部分，其核心素养的构成对于培养学生的历史思维、人文素养和综合能力具有重要意义。具体而言，高校历史学科的核心素养由六部分构成。

（一）历史思维发展与提升素养

历史思维发展与提升素养是高校历史学科核心素养的重要组成部分。历史思维，是指个体在理解和解释历史现象、事件及其发展规律时所展现出的思考方式和能力。它要求学生在掌握基本历史知识的基础上，能运用批判性、分析性和综合性的思维方法，深入探究历史的本质和内在联系。

在历史学习中，学生需要通过史料研读、历史叙述构建、历史解释与评价等活动，不断提升历史思维能力。这一过程不仅有助于学生形成全面、客观的历史观，还能培养其独立思考、逻辑推理和问题解决的能力。

（二）史料的解读与运用素养

史料的解读与运用素养，是高校历史学科核心素养的基础。这一素养要求学生具备对获取的史料进行辨析，并运用可信的史料重现历史真相的能力。

史料的解读不仅是文字的阅读，也是对历史事件、人物和背景的深入了解。它要求学生多角度、多层次地分析史料，准确地把握史料的内容和含义，从而还原历史的真相。史料的运用则是将解读后的史料用于构建历史叙事和进行历史分析。学生需要运用史料来支持自己的观点，并进行逻辑推理和批判性分析。通过对史料的深入研究和合理运用，学生可以揭示历史的规律和趋势，预测未来的发展方向，为现实决策提供历史借鉴。

史料的解读与运用素养的培养，需要学生在学习过程中不断实践和锻炼。学生应该积极参与历史研究，广泛收集和分析史料，不断提高自己的专业素养和研究能力。同时，教师也应注重对学生史料解读和运用能力的培养，通过课堂教学、实践训练等方式，帮助学生掌握正确的史料解读方法和运用技巧。

（三）发现与解决问题素养

在历史学科核心素养的框架内，发现与解决问题的素养是一项至关重要的能力。它不仅是对历史事件的简单识记，而且要求学生能在浩瀚的历史资料中，敏锐地捕捉关键信息，提出具有洞察力的问题，并通过逻辑推理与批判性思维，探索问题的根源与解决方案。

这一素养强调学生应具备独立思考与自主学习的能力。面对复杂多变的历史现象，学生需要学会运用多种史料，如文献、文物、图像等，进行综合分析，以揭示历史事件的深层联系与因果关系。在此基础上，学生还需要培养批判性思维，敢于质疑传统观点，勇于提出新见解，并通过合理的论证支持自己的观点。

另外，学生能将历史知识应用于解决现实问题，这也是发现与解决问题素养的一种体现。通过历史的学习，学生不仅能更好地了解当下社会现象的背景与根源，还能从历史经验中汲取智慧，为解决现实问题提供有益的参考与借鉴。

（四）逻辑与批判思维素养

逻辑与批判思维素养，是学生在学习和研究历史过程中形成的一种重要思维能力。它要求学生不仅掌握基本的历史知识，而且要具备运用逻辑思维和批判性思维去分析和解读历史的能力。

逻辑思维素养体现在学生能按照历史的因果关系、时间顺序和内在逻辑，构建清晰的历史知识体系，并善于运用归纳、演绎等方法，对历史事件进行有条理的分析和推理，从而得出客观、准确的结论。批判性思维素养要求学生在面对历史问题时，能够保持独立思考，不盲目接受现成的观点和结论。

逻辑与批判思维素养能让学生们领悟到：只有善于从多个角度审视历史，对史料进行甄别和辨析，才能揭示历史的真相和本质。如果不具备对历史观点和理论进行批判性评估的能力，不能提出自己独特的见解和看法，说明缺乏逻辑与批判思维素养。

（五）文化传承与理解素养

文化传承与理解素养，是指学生在学习历史过程中，对文化遗产的深刻认识、积极传承与有效理解的能力。这一素养不仅关乎历史知识的积累，更强调对文化连续性的认识与尊重，以及对多元文化的包容与理解。

文化传承素养要求学生能识别并珍视不同历史时期的文化遗产，包括物质文化如艺术品、建筑以及非物质文化如习俗、信仰等。学生需要通过学习，了解这些遗产在历史长河中的演变及其对社会发展的意义，进而承担起传承与保护的责任。理解素养则侧重于对文化现象的深入剖析与理性评价。学生需运用批判性思维，分析历史文化的形成背景、影响因素及历史作用，同时还要能够跨越时空界限，理解不同文化间的异同，培养跨文化交流的能力。

（六）价值观形成与判断素养

价值观形成与判断素养，是学生在历史学习过程中逐步形成并内化的一种关键能力。这一素养不仅关乎学生对历史事件的认知与理解，更涉及学生如何基于历史经验，对现实问题进行价值判断与决策。

价值观形成与判断素养，要求学生能够深入剖析历史事件背后的价值观念，理解不同历史时期、不同文化背景下人们的价值取向与行为选择。在此基础上，学生需要学会批判性思考，从历史的多维度、多层次中提炼出普遍性的价值规律，进而形成自己的价值体系。

同时，这一素养还强调学生在面对复杂多变的现实问题时，能够运用历史智慧进行价值判断。学生需要学会将历史经验与当下情境相结合，以历史的视角审视现实，从而做出符合社会主流价值观与个人道德准则的决策。

通过培养学生的这些核心素养，高校历史教育能不断提高学生的历史思维能力、人文素养和综合能力，为其全面发展奠定坚实的基础。同时，这些核心素养的培养过程也有助于推动历史学科的进步和发展，为国家的繁荣富强和民族的伟大复兴贡献更多的智慧和力量。

第二节　新课程标准下的高校历史教学具体导向

新课程标准（简称"新课标"）的出台和实施，对高校历史教学提出了新的要求和导向。这些导向不仅关注学生对历史知识的掌握，更强调学生历史思维能力、创新能力和实践能力的培养，主要体现在以下七个方面：

一、更新教学理念

新课标要求高校历史教师与时俱进，更新教学观念。在传统的历史教学中，教师往往扮演知识搬运者的角色，通过"满堂灌"的方式将历史知识传授给学生，而学生则被动接受，死记硬背。随着教育改革的深入，这种教学方式已经难以适应新时代的教育要求。新课标强调，教师应成为课堂的组织者和导演，通过多种方式激发学生的学习兴趣，引导学生积极主动地参与到课堂中，让学生自己发现问题、探究问题、解决问题。

为了实现这一转变，教师需要更新教学观念，从知识的传授者转变为学习的引导者和促进者。教师应当注重培养学生的创新精神和实践能力，鼓励学生大胆质疑、勇于探索，培养学生的问题意识和批判性思维。同时，教师还应具备创新意识和求异思维，敢于突破传统的教学模式和思维定式，不断探索新的教学方法。

二、丰富教学内容

新课标下，高校历史教学内容也发生了显著变化。传统的历史教材往往按照时间线编排，内容繁杂琐碎，难以激发学生的学习兴趣，而新课标则强调将历史教学内容分为不同的板块和专题，使教学更具针对性和实效性。

例如，新教材将历史分为政治、经济、文化等多个方面，每个方面都有相应的专题能进行深入探讨。这种编排方式不仅有助于学生更好地理解和掌握历史知识，还能培养学生的跨学科思维和综合分析能力。同时，新教材还注重将历史知识与现实生活相结合，引导学生从历史的角度思考和解决现实问题，培养学生的历史责任感和使命感。

此外，新课标鼓励教师根据学生的实际情况和兴趣爱好，灵活选择教学内容和教学方法。教师可以结合学生的专业背景和职业规划，将历史知识与相关专业知识相融合，为学生提供更加丰富多样的学习资源。

三、创新教学方法

新课标要求高校历史教师不断创新教学方法，提高教学效果。传统的历史教学方法往往注重知识的灌输和记忆，忽视了学生的主体地位和个性发展。新课标则强调以学生为中心，注重激发学生的学习兴趣和探究欲望，引导其通过自主学习、合作学习等方式获取知识和技能。

为了实现这一转变，教师可以采用多种教学方法和手段。例如，教师可以利用多媒体技术进行辅助教学，通过视频、音频、图片等多种形式呈现历史知识，使教学更加生动有趣。同时，教师还可以采用角色扮演、情景模拟等教学方法，让学生在模拟的历史情境中感受历史、理解历史、评价历史。

此外，新课标鼓励教师开展研究性学习和项目式学习等新型学习方式。研究性学习是指学生在教师的指导下，通过查阅文献、实地考察等方式进行自主学习和研究，以获取知识和技能。项目式学习则是指学生在教师的引导下，通过团队合作的方式完成一个具体的项目或任务，以培养学生的实践能力和创新思维。这两种新型学习方式都是对传统学习方式的突破，能提高学生的学习兴趣和学习动力，从而更好地提升历史课的教学效果。

四、改变师生互动方式

新课标要求高校历史教师改变师生互动方式，建立新型的师生关系。在传统的历史教学中，教师往往处于主导地位，学生则处于被动接受的状态。这种师生关系不利于激发学生的学习兴趣和探究欲望，也不利于培养学生的创新精神和实践能力。

新课标强调师生互动的平等性。教师应以平等、尊重、理解、关心、赏识的态度对待学生，鼓励学生发表自己的见解和看法，对学生的独到见解和新颖观点给予及时的表扬和鼓励。同时，教师还应注重与学生的情感交流和心理沟通，关注学生的情感需求和心理变化，为学生提供必要的支持和帮助。

为了实现这一转变，教师可以采用谈话式、讨论式等方法，与学生进行平等的交流和互动。教师还可以组织学生进行小组学习和辩论活动，培养学生的团队合作能力和批判性思维。通过这些活动，学生可以更加积极地参与到课堂教学中，体验到学习的乐趣和成就感。

五、注重角色转变

新课标要求高校历史教师在教学过程中注重自己的角色转变。在传统的历史教学中，教师往往扮演着知识传授者的角色，而新课标则要求教师成为学生学习的引导者和促进者。为了实现这一转变，教师需要具备创新意识和求异思维，敢于突破传统的教学模式和思维定式；同时还需要具备扎实的专业知识和广泛的知识储备，以应对学生提出的各种问题和挑战。

在具体的教学过程中，教师可以根据自己的专业背景和兴趣爱好进行角色定位。例如，教师可以成为历史故事的讲述者、历史事件的解读者、历史人物的评论者等；同时，可以通过组织历史讲座、开展历史研究等方式拓宽自己的专业视野和提高学术水平。通过这些角色的转变和拓展，教师可以更好地发挥自己的专业优势和特长，为学生提供更加丰富多样的学习资源和支持。

六、注重历史思维的构建

新课标强调历史思维的构建，要求学生具备唯物史观、时空观念、史料实证、历史解释和家国情怀五大核心素养。这些素养的培养需要教师在教学过程中注重历史知识的系统性和逻辑性。

新教材采用"通史＋专题史"的模式，将历史脉络清晰地呈现在学生和教师面前。教师应利用新教材的特点，引导学生构建系统的历史思维，从纵向上了解历史的发展脉络，从横向上聚焦历史态势，探索历史的复杂面相。

例如，在讲述"中华文明的起源与早期国家"时，教师可以引导学生理解石器时代、远古人类、文化遗址、部落、国家等重要概念，通过时间线的梳理，帮助学生构建清晰的历史脉络。同时，教师可以结合考古发现和历史文献，进行史料实证，培养学生的史料意识和历史解释能力。

七、提升教学效果

新课标倡导利用新技术，提升教学效果。教师应充分利用多媒体和信息技术，制作电子课件，进行多媒体教学。通过图片、视频、音频等形式，使教学内容更加生动、形象，从而激发学生的学习兴趣和主动性。

例如，在讲述义和团运动时，教师可以利用多媒体展示相关的历史图片和影像资料，让学生身临其境地感受历史，加深对历史事件的理解和记忆。同时，教师还可以利用网络资源，引导学生查阅相关资料，拓宽学习视野。

总而言之，新课标下的高校历史教学，是一个系统工程，需要教师在教学理念、教学内容、教学方法和师生互动等方面进行全面改革与创新。历史教师应成为创造者、参与者、挖掘者和引导者，与学生共同成长，共同进步。

第三节　传统历史教学方式的局限性剖析

历史，作为人类文明的记忆与智慧的积淀，承载着传承文化、启迪未来的重要使命。在历史教育中，教学方式的选择与实施直接关系到学生对历史知识的理解深度与广度，以及学生历史思维能力的培养。然而，传统历史教学方式在一些方面存在局限性，这些局限性不仅影响了教学效果，也限制了学生在历史学习中的全面发展。

一、课堂氛围沉闷

传统历史教学往往采用教师讲授、学生听讲的模式，这种单向的知识传递方式忽视了学生在学习过程中的主体地位。课堂上，教师作为知识的权威，扮演着信息传递者的角色，而学生则被动地接受知识，缺乏主动思考和探究的机会。这种教学方式导致课堂氛围沉闷，学生的学习兴趣难以被激发，历史学习成为一种机械的记忆过程，而非充满探索乐趣的智力活动。

课堂氛围沉闷的表现还体现在师生交流不足上。教师很少就历史事件或人物进行深入的讨论，学生也缺乏表达个人观点的平台和机会，双方缺乏互动性的交流，不利于培养学生的批判性思维和问题解决能力。历史学习不应仅是对过去事实的复述，而应是通过分析、比较、评价等过程，理解历史发展规律的客观性，培养历史意识。

二、内容缺乏广度与深度

传统历史教学在内容选择上往往侧重于政治史、战争史等宏观叙事，忽视了社会史、经济史、文化史等多维度的探讨。这种单一的内容选择不仅使历史学习变得枯燥无味，也难以让学生全面、深入地理解历史的全貌。历史是个复杂多变的系统，每个历史事件都是多种因素交织的结果，仅从政治或军事角度解读，无疑会忽略许多重要的历史细节和背景。

此外，传统历史教学往往侧重于历史事实的陈述，缺乏对历史现象背后深层次原因的分析。学生虽然能记住一些重要的历史事件和人物，但对这些事件为何发生、如何影响后世等问题缺乏深刻的理解。这种"浅尝辄止"的教学方式，不利于培养学生的历史思维能力和跨学科的综合素养。

三、忽视个体差异

传统历史教学往往采用"一刀切"的教学模式，忽视了学生在兴趣、能力、学习习惯等方面的个体差异。每个学生都是独一无二的个体，学生对历史的关注点、学习方式和学习节奏各不相同。然而，在传统历史教学中，教师通常按照统一的教学进度和内容进行授课，难以满足所有学生的需求。

缺乏个性化教学不仅影响了学生的学习效果，也挫伤了其学习积极性。对于历史兴趣浓厚、基础较好的学生来说，课堂内容可能过于简单，缺乏挑战性；对于历史基础薄弱、兴趣不高的学生来说，则可能感到吃力，难以跟上教学节奏。因此，传统历史教学方式在促进学生个性化发展方面存在明显不足。

四、评价方式单一

传统历史教学通常采用教师讲授、学生听讲的模式，评价方式则主要依赖于笔试和闭卷考试。这种评价方式主要考查学生对历史知识点的记忆与复述能力，难以全面评估学生的历史思维、分析能力及解决问题的能力。例如，笔试和闭卷考试往往侧重于对历史事件的年代、人物、地点等具体信息的考察，忽视了学生对历史事件背景、原因、影响及历史发展规律的深入理解。

单一的评价方式不仅限制了学生对历史学习的深度和广度，还可能导致学生产生应试心理，将历史学习视为机械的记忆过程，而非一种思考与探索的历程。在这种评价方式下，学生可能更关注于考试的重点和难点，而忽视了历史学习的真正意义——通过历史了解过去、理解现在、预测未来。

综上所述，高校历史专业教学在课程设置、教学内容、教学目标和教学实施等方面均存在一定的问题，呈现出效果不理想且难以突破的局限性。课堂氛围沉闷、内容缺乏深度与广度、教师对个体差异的忽视以及教学及课程质量评价方式单一等问题也已经成为具象化的问题表现，并且已经对高校历史专业学生的学科学习与全面发展形成了一定的阻碍。就当今中国的发展趋势来看，中国正在快速参与、融入这个正处于变化中的世界，数千年来的文化传统与生活方式也正在快速发生改变，未来的我们能否朝着明确的方向迈着稳健的步伐大踏步前进，需要以战略性、前瞻性的思考为支撑。在此背景下，就高校历史教学而言，应当深挖核心素养视域下其所面临的新挑战和现实困境，采取一系列举措克服种种困难。

第四节　核心素养视域下高校历史教育的新挑战

历史学是普通高等学校的一门本科专业，归属于历史学类专业，旨在进一步培养潜在的历史学专业人才。在高校教育教学领域中，历史教学是重要组成部分，其承载着培育高素质、高涵养、知史明史大学生的责任与使命，从而促使当代大学生综合素质及能力的全面增长。在新的历史发展阶段中，我国高校教育领域越发注重历史学科的建设与发展，在教学观念和方法上也都在不断创新。从教育部的学科设置上来看，历史学科的建设与发展旨在高校教育领域充分体现史学史的地位和史学理论的重要性，从而培养高素质的社会主义建设者和接班人。然而，随着时代的变迁与社会的发展，高校历史教学的发展也面临着一定的挑战，其中核心素养培养是高校教育教学的主要目标，同时也是高校历史教学的理论引导。在核心素养视域下，强调通过历史学科教学进一步培养学生创新创造意识、沟通交流能力、批判性思维等方面的综合能力与素质，以更好地适应新社会的发展趋势和对人才的需求。

在核心素养视域下，如何让历史课堂变得高效、有吸引力成为众多一线高校历史学科教师所需要考虑的关键问题。针对这一问题的研究众多，诸多学者也认为核心素养理念的提出，既是对传统教学观念及方式方法的挑战，同时也是培养学生全面发展的有利途径。然而，尽管核心素养对于高校历史教学有效性提升的重要性彰显，但仍不可忽视核心素养视域下高校历史教育所面临的一系列新挑战。在核心素养视域下，高校历史教育创新发展的落脚点为培养并提升大学生的历史素养。历史素养中包括学生对历史的认知、对历史价值的认知以及对历史意识的深刻与否，这都需要教师在教育教学中明确现状并加强引导，引导学生提高学习历史的主动性，学会正确看待问题，在处理人与人、人与社会、人与国家关系时能够充分彰显个人素质。

随着我国高校课程改革的深化与推进，我国高校历史教育强调常态化教学和长效化教学，并且为实现这一目标，课程教育理念和方法也都在开拓创新，而在实践教学的过程中，历史认知不足、历史价值不清、历史意识不深等问题逐渐显现，学生在学史的过程中常表现为"囫囵吞枣"，甚至其所形成的一些观念和认知也存在一定的"崇洋媚外"，而这些问题都将对高校历史教育培养学生核心素养造成严重影响，是核心素养视域下，高校历史教育所面临的新挑战。

一、历史认知不足

大学生能接触到史学知识的机会与渠道众多，并不单单局限于课上教学。大学生在一些课外交流与活动中、在人际交往中以及与家人相处中都能接触到不同维度的历史知识，而这些知识在一定程度上促进了学生完善对人、对事和对事物的理解与认知，即历史认知。历史认知是核心素养视域下高校历史教育教学理论的基础，是培育高校学生历史素养过程中不可或缺的一部分。高校历史教育在新文科建设期间得到了鼎力支持，在诸多高校中均开展了相关试点教学。在试点教学期间，经过阶段性总结可以发现历史教育是影响高校历史课堂高效教学的关键因素，而历史教育的完善能进一步促进高校学生形成正确且全面的历史认知。

关注高校历史的实际教学，发现在教学内容、教学理念和教学方法上都存在一定的特殊性，历史事件、人物和内容的相关教学较为频繁地出现在课堂上，从理论上看，此种教学模式对于强化高校学生的历史认知是极为有利的。然而从现实情况来看，在传统教学方法和模式的作用下，学生表现出的积极性和主动性较差，在学习效果上也无明显提升。例如，中国近现代史纲要是高校历史学科的必修课程，其中梳理了中国从 19 世纪中叶中国封建社会解体至今的历史，包括"鸦片战争""五四运动""新民主主义革命""新中国成立""改革开放"等内容，全面讲述了中华民族面对帝国主义侵略与蹂躏，不断斗争以摆脱侵略与殖民，寻求民族独立与国家富强和现代化出路的历史。中国近现代史纲要课程开展的目的在于让更多接受高等教育的大学生能正确认识国史国情，其是高校历史教育中的基础性课程。然而在传统教学方法，即照本宣科的作用下，学生们在课堂上无法提起兴趣，只能感受到僵化沉闷，甚至针对这一问题，还有学生调侃道：中国近现代史纲要——"沉睡课堂"。在课堂教学过程中，教师对于课程内容和重点的安排缺乏合理性，对于知识本位教学过于侧重，忽略了历史学科的融合性和包容性，未将社会热点问题融入其中，难以起到创新性和思辨性的历史辩证分析引导作用，学生在学习过程中也仅是记录前人研究所得出的历史结论，理解程度较低，很难形成正确的历史认知，并且这种教学方式在长时间的教学中会逐渐削弱学生的学史兴趣，使其丧失学史主动性，从而导致培养高校学生历史核心素养的目标难以实现。

二、历史价值不清

中华民族的历史文化源远流长，在五千年的历史发展长河中，诸多极具研究与学习价值的文化传统和历史标记，等待着新时代和新社会的年轻人去挖掘、学习、传承与发展。但是，随着全球文化交流的不断深入，形成了各国文化交流和融合的局面，一些西方文化和理念进入中国，物欲、功利等观念也充斥着我国社会，这对于我国还在接受高等教育的青年学生的心态和价值观念造成了严重影响。诸多青年学生在看待问题的角度与本国文化背景和立意出现偏差，甚至对中华优秀传统文化的认知和文化观念较为薄弱，缺乏正确认知。导致这一问题形成的主要原因在于西方资产阶级文化的侵蚀，在长期熏陶下，青年学生群体会认为西方事物才是"时尚前沿"、西方文化才是"新浪潮"，不仅如此，还会贬低、看轻我国的历史文化。例如，在当代大学生中，绝大多数学生认为出国留学等于镀金，认为留学生会高人一等；还有学生即便在自己有限的经济条件下也会最大程度地追求国外奢侈品牌，甚至还会捧高踩低，贬低本土品牌。产生这种现象的原因是在西方资产阶级文化侵蚀下，我国青年学生的态度想法和倾向选择发生了改变，呈现出对历史价值认识不清的问题。

想要彻底解决这一问题，并非一蹴而就，还需要分析根因，从根源上和过程中进行改变。一方面，当代大学生的出生与成长的时代是互联网新兴时代，随着互联网技术的发展与普及，网络信息碎片化、多元文化冲击以及复杂舆论等都将影响着当代学生的思想和意识。另一方面，高校历史教育效果不理想，教学方法老套，未能使当代大学生认识到清晰的历史价值，甚至越来越多的学生在面对枯燥、乏味的历史课程时生出畏难、逃避等情绪。因此，在塑造当代大学生正确的历史价值观，通过历史教学使其清晰历史价值还任重而道远。

三、历史意识不深

当代大学生生活在世界多极化、经济全球化、社会信息化和文化多样化的时代环境下，需要形成批判性思维，具备理性辨析的能力。高校历史教育的关键即在于引导学生运用辩证唯物主义和历史唯物主义的思想看待事物，能够学会挖掘事件的本质，学会从中总结历史的发展规律，正确看待历史现象的本质及发展规律，形成历史智慧，从而能运用其解决社会生活、人际交往和学业工作中的各类问题。历史作为高校人文学科的重要组成部分，随着新文科理念的不断推进，强调在高校历史学科教学中应当以学科交叉与融合，焕发历史学科的新活力，并且历史学科与其他人文、自然、社会科学学科相结合，能够开阔学术视野。即便以新文科理念为基础，高校历史教学仍未形成效果上的突破。以中国近现代史纲要课堂教学为例，部分一线教师的思想固化，不善于创新实践，在教育理念和教学方式方法上自成一派，习惯于就事论事，只钻研一门课程的内容，而不会尝试将其与思政学科或马克思主义基本原理等学科进行联动。在此情况下，学生所能接触到的课程内容与知识点也只是有结果而无过程，对历史认知也更为片面。另外，当代大学生所处的信息化时代，网络新媒体融入生活中的每一处，而在网络平台中，人人言论自由，关于历史事件的认知与评价各不相同且信息多元，甚至网络上还存在娱乐历史事件的现象，对于此种现象的评论风向也各执一词，这种现象将影响当代大学生对历史事件的认知与判断。受一些"博流量"和"夺眼球"的媒体信息所干扰，导致一些历史事件的严肃性和真实性严重丧失，当代大学生在如此环境下，如果得不到科学和积极的引导，将难以提升其历史素养。

第五节　高标准下需迫切调整教学策略

高等教育的"质量革命"自全国教育大会中被提出后，我国高等教育也正式进入到新的发展阶段，强调高等教育要通过多维度的创新与多方面的转变实现内涵式发展。在此背景下，全国各大高校都应当充分意识到高等院校学科建设与教育发展所面临的机遇与挑战。高校教师应当充分认识到观念转变和方法优化的重要性，要做到具有超前识变的能力，拥有积极应变的主动意识，彰显出主动求变的意愿。在高校历史教育教学中，教师应当明确历史学科的特点，以内涵式教学为导向，在理论验证与实践教学中形成独特的、行之有效的人才培养方案。

一、教师应提高自身的人文素养

核心素养视域下，不仅对高校学生的人才培养与发展提出了新要求与高标准，更对高校教师提出了人文素养方面的更高要求。在核心素养视域下，针对高校历史教育所面临的历史认知不足、历史价值不清和历史意识不深的现实困境，高校历史教师应当强化终身学习的意识，不断丰富自身的专业知识，基于交叉学科的融合理念，拓展相关领域知识，形成具有包容性的综合性知识体系。教师要对历史知识有明确的认知、清晰的价值观，要对历史事件和历史的延续与发展有自己的理解，在教育教学过程中要注意将自己的独到见解融入课程中，切忌照本宣科，宣扬事件结果。大学阶段的历史教育不应只停留在历史事件和时间节点的回顾与记忆，而应当以社会科学为基础，教师用自己的方式向学生展示历史时空观念的内涵，进一步加深学生对历史的认知，发挥启迪心灵和熏陶情感的作用。高校历史教师在课程教学过程中应当起到连接学生与历史之间的桥梁作用，打通学生与历史之间的沟通渠道，以更高的人文素养引领当代大学生全面发展。

高校历史教师应当明确高校历史学科要以传授历史知识为基础，让学生在学习历史的过程中能更加深刻地认知社会、学会观察与感受社会的变迁，在物欲横流和东西方文化交杂的社会环境中树立正确的世界观、人生观和价值观。由此可见，高校历史教师不仅要教书更要育人，在核心素养视域下，高校历史教师更要学会整合课内外资源，基于学科交叉与融合理念从思政、科学和文学等学科中提炼人文教育内容，让历史教育更加充实生动。同时，高校应鼓励教师积极参与各类的学术交流与研讨会，在学术交流中不断提升教师的教学与科研水平，从而为高校学生提供更加丰富的历史教学体验。

二、学校应加强教学的监督与总结

在核心素养视域下，高校应当完善教学与监督管理机制，让教育教学各环节始终存在于标准与规范的框架内。在教学监督方面虽要做出创新与优化，但是对于现有制度和方式也要给予一定程度的保留，如现有的领导听课、教师间相互听课以及教学督导制度等都已经在实践中得到了验证，在高校教育中较为适用。上述制度均属于高校教育教学质量监督机制中的一部分，能够切实体现出高校对教学质量管理与提升的重视与投入程度。在教学督导环节中，还具有一定的信息融合性。随着信息化的普及与发展，信息化和互联网在高校教育教学管理中已经得到了广泛应用，针对这一特点，面向历史学科，高校可以组建专项督导团队，对教学质量与规范性进行日常的监控与督导。教学督导机制与督导网络平台相连，督导团队成员对教学质量的意见或建议都可以实时上传督导网络平台，每位教育工作者及管理者都作为终端，可以身份验证的方式进入，提取听课意见。

加强教学的监督与总结还体现在学生层面，学生的成绩、考核作业的完成情况以及课堂参与度等方面都属于评估教学质量及效果的关键指标，在教学督导中应当以此为基础形成完整的反馈意见，作为教学方案及管理措施调整的实证基础。在教学督导的约束与管理下，教师及学生对于高校历史教育的严肃性会形成新的认知，以此来增加教师在课程教学中的资源和精力等方面的投入，从而促进高校历史教学质量及效果的改进。

三、课程应承载核心素养的科学设定

在核心素养视域下，高校历史教育课程应当做出核心素养培育相关的科学设定，在教育教学中以此为导向，发挥高校历史教育的思维培养与价值引领作用。在高校的历史学科中，各年级的课程设置侧重点各有不同，课程类型主要包括基础课、核心课和选修课三种，在不同类型的课程之中，其体系、内容、实施和评价等设置均与核心素养和新文科理念密切相关。可见，高校历史教育课程的设置并不存在严重问题，但是从实际教学情况来看，因教师的文化背景和教育观点的不同，导致教学的侧重点存在差异，而从整体上看，大多数教师更加注重基础知识的传授，忽略了学生对思考和实践的需求。基于此，在核心素养视域下，高校历史教学策略应当迫切做出调整，教育管理者及工作者需要考虑以下五个问题：

（1）在课程设置上应当做出怎样的选择？

（2）以培育人文素养为导向，应当设置哪些核心课程？

（3）基础课、核心课和选修课都应开设于什么时间？

（4）在课程实施过程中应当如何整合资源并与人文素养建立联系？

（5）如何使学生在历史教学中接受精神、情感、态度和价值的内化？

在高校历史课程的科学设定上应当以夯实基础课程为基础，在选修课与核心课的设置上需要注重实践与拓展，三大类型课程的设置应当分配得当且突出高校历史专业特色。

四、教学方法应随着观念的转换而改变

教师方法的改变是核心素养视域下高校历史专业教学策略改进与优化的实践基础。作为高校历史专业教师，应当明确自身在教育教学中所处的地位和责任，要明确学生的主体地位，教师在课堂上并非唯一的主角，而是主角之一。学生也不再是教学中的被动接受者，而是学习过程中的主动参与者。随着教学改革的不断深化，高校教学方法应做出创新和改革，一些新型教学方法应积极引入高校历史专业教学中。探究式教学法、活动教学法、目标基础教学法和问题导向教学法以及小组合作学习法等教学方法在各阶段的教学中均有所实践，并且反响良好，可以尝试在高校历史专业教学中以调整优化后的模式进行实践应用。

高校历史专业教学应注重取向教育，在教学方法的选用和活动设计上要强调自主性、过程性和思维性。真正教育形态的养成必须经过知识形态、问题形态到方法形态的过渡。在新方法教学过程中，教师应当以核心素养为导向，设计体现学科科学性的教学活动。

例如，将问题导向教学法应用于实际教学中，教师以提出问题为引导，在教学过程中创设问题情境，引导学生主动参与问题的讨论，在过程中独立思考，自主学习。作为学生，应在课前调动起积极学习的态度，在教师的引导下感受课堂情境，围绕核心问题进行思考与讨论，在思考与学习中促进问

题的顺利解决。教学方法的改变并非只是浅表上的改变，而是应起到进一步提升历史专业学生的思考、理解和实践能力，从而使其在后续的学习中更加顺利。

五、应强化课程评价与核心素养目标的相关度

高校历史专业课程评价主要包括两个方面，即考试与核心素养目标完成情况。考试分为理论考试与实践考试，各板块均有不同的评价标准与考核规范，评价侧重点与评分方式都不相同。高校应当遵循教育部对高校历史专业考核与评价方面的相关要求，在内容及方法上做出调整，为考试内容及方法划定一个大框架，其可以在框架内进行优化、调整与创新，而框架存在的意义即避免过度自由发挥，导致考试的严肃性被削弱。

在课程评价与核心素养目标的相关度方面，旨在明确高校历史专业在人才培养方面的质量标准。核心素养视域下的课程评价强调学生全面发展和对情境化、多元化、反馈性、公正性的重视。结合高校历史专业教学的特点和核心素养培育需求，在课程评价方面应当从以下五个方面进行强化：

（1）全面发展。在关注学生对知识掌握程度的基础上关注其能力、素养、情感和态度等方面的发展。

（2）情境性。课程质量的评价应当在真实且具体的情境下进行，通过观察学生的知识运用能力来反映教师的教学效果。

（3）多元化。多元性课程评价涵盖书面测试、口头提问、作业展示和项目报告等多种形式，是高校历史学科的主要课程评价方式。

（4）反馈性。传统的分数考核或等级考核不应作为唯一的结果评价标准，而应是全面关注学生的学习过程和结果的全面反馈。

（5）公正性。在一定的标准与框架内所形成的评价体系，是评价结果公正性与客观性的保障。

通过强化高校历史专业课程评价与核心素养目标的相关度，可以提高人才培养质量标准，促进高校历史专业教学质量和效果的全面提升。

第二章 顺应历史教学新趋势，更新教学理念

第一节 从知识灌输到能力塑造的教学思维转型

21世纪，全球教育正面临着深刻的重大历史变革，当然，历史教学也不例外。传统的知识灌输式教学已经无法满足现代社会的人才培养需求，因此能力塑造的教学思维应运而生。从知识灌输到能力塑造的教学思维转型，不仅是对教育方法的更新，也是对教育理念的深刻变革。这一转型对于培养学生的历史素养、批判性思维和创新能力具有重要意义。

一、知识灌输型教学思维的弊端

（一）忽视学生主体性

在传统的历史教学中，知识灌输型教学思维长期占据着主导地位，这种教学模式在很大程度上忽视了学生的主体性，将学生视为被动接受知识的容器，而非具有独立思考和创造潜能的完整个体。在这种教学思维指导下，教师通常扮演着知识的传递者角色，学生则需要无条件地接受并记忆教师传授的历史事实、年代、事件和人物，这种单向的传递过程剥夺了学生在学习过程中的主动探索和自我发现的机会，使学生失去了对历史的学习兴趣和热情，进而影响了学生对历史知识的深入理解和长期记忆。学生在这种教学模式下，往往只能机械地重复教师的话语，无法形成属于自己的历史观和价值观，对于培养学生的批判性思维和创新能力无疑是一种阻碍。

（二）培养目标单一

知识灌输型教学思维的另一个弊端是培养目标的单一性，这种教学模式往往只是注重学生对历史知识的记忆和复述，忽视了学生综合能力的培养和个性的发展。在这种教学理念影响下，历史教育的目标被简化为让学生掌

握一系列孤立的知识点，而非培养学生运用历史知识分析问题、解决问题以及进行思考的能力。这种单一的培养目标导致学生在面对复杂多变的历史现象时，往往缺乏独立思考和深入探究的能力，学生可能记住了大量的历史事实，却无法将这些知识内化为自己的认知体系，更无法将历史与现实相结合，并对当前的社会问题提出独到的见解。知识灌输型教学思维的单一培养目标还导致了教育评价体系的僵化，成绩成为衡量学生历史学习成效的唯一标准，而在学生情感、态度、价值观等方面的成长则被忽视。这种评价方式不仅无法全面反映学生的综合素质，而且容易造成学生对历史学习的误解，认为学习历史只是为了应付考试，而非提升自身的素养和能力。

（三）教学手段僵化

教学手段僵化也是传统灌输式教学方法的一大弊端，这种教学环境中，教师与学生之间的交流互动极为有限，学生的疑问和想法得不到教师的反馈和引导，学生的思维过程被限制在教师的讲解范围内，缺乏自主探索和创造性思考的机会。教学手段的僵化还表现在教学资源的利用上，教师往往过分依赖教科书和教案，忽视了网络、多媒体、历史遗迹等丰富教学资源的整合，使历史教学变得索然无味，无法激发学生的学习兴趣。此外，教学手段的僵化也不利于学生个性化学习需求的满足，每个学生都有自己的学习节奏和学习方式，在评价学生历史学习成果时，僵化的教学手段往往导致评价方式单一，以笔试成绩为主，这种评价方式无法全面衡量学生的历史素养和综合能力，也不利于学生的全面发展。

二、教学思维转型策略

（一）转变教师角色

教师的角色转变不仅是教学方法上的调整，也是教学理念上的更新。在新的教学思维下，教师不再是简单的知识传递者，而是学生学习的合作者、引导者和促进者，教师需要放弃传统的教学模式，转而采用更加灵活和互动性强的教学方式，鼓励学生主动探索历史知识，培养学生解决问题的能力。教师在课堂上应当创设一个开放性的学习环境，鼓励学生发表各自的观点，即使这些观点可能与传统的历史观点相悖，也要给予学生足够的空间去质疑和探索，从而培养学生的批判性思维。教师应当创设一个开放性的学习环境，允许学生发表不同的观点，鼓励学生进行历史角色的扮演、历史事件的模拟重构以及历史问题的深入讨论，从而激发学生的学习兴趣和创造力。同时，教师应当成为学生个性化学习的支持者，关注每个学生的学习需求和特长，提供个性化的学习建议和资源，帮助学生在历史学习中找到自己的兴趣点和发展方向。在评价学生的学业成就时，教师应当从单一的考试成绩评价转向多元化的评价体系，更多地关注学生的思维过程、研究能力、合作态度和情感价值观的形成。

（二）优化教学内容

优化教学内容要求教师对历史知识的传授进行精练，去除冗余和过时的信息，确保学生接触到的是历史学科的核心知识和最新的研究成果，使教学内容更加贴近学术前沿和时代脉搏。同时，教师应当将教学内容与学生的实际生活经验相结合，通过历史事件与当代社会问题的联系，引导学生理解历史对现实的影响，提高学生的历史洞察力和时代责任感。在教学内容的设计上，教师应当注重跨学科的融合，将历史与其他学科如政治学、经济学、社会学等相结合，培养学生综合分析问题的能力，使其能从多个角度审视历史事件，形成全面的历史认识。此外，优化教学内容还包括对教学资源的丰富和更新，教师应当充分利用多媒体资源、网络资源、档案资料等，为学生提供多样化的学习材料，增强历史教学的生动性和直观性。

（三）创新教学方法

教师应当根据教学内容和学生的实际情况，设计多样化的教学活动，如讨论会、角色扮演、模拟演练、小组合作学习等，这些方法能有效地提升学生的参与度和积极性，使学生在互动中学习历史知识，在合作中培养团队精神，在探究中锻炼思维能力。同时，教师应当利用现代信息技术手段，如在线课程、虚拟实验室、数字档案等，为学生提供丰富的学习资源和便捷的学习途径，使历史教学更加生动、直观和具有现代感。创新教学方法还要求教师重视学生的个性化学习，通过翻转课堂、混合式学习等模式，给予学生更多的自主选择权，让学生根据自己的学习节奏和兴趣点进行深入学习，从而激发学生的学习动机和自主学习能力。

第二节　明确历史时空观念与文化认同教育目标

在高校历史课程的教学策略中，明确历史时空观念与文化认同目标是提升教学质量和学生历史素养的重要环节。历史时空观念是理解历史事件发生背景和发展脉络的基础，而文化认同是构建民族共同体意识、增强国家凝聚力的重要途径。本节将探讨如何在历史教学中明确这两个教育目标，并提出相应的教学策略。

一、历史时空观念的教学策略

历史时空观念是指对历史事件发生的时间顺序和空间背景的认识，是历史学科的核心素养之一，对于学生理解历史进程、分析历史现象至关重要。历史时空观念的建立有助于学生形成正确的历史认识，避免历史虚无主义和片面理解历史。

（一）时间轴教学

时间轴教学通过将历史事件按照时间顺序进行排列，使学生在宏观上把握历史发展的脉络，理解历史进程中的连续性和阶段性，从而在教学中实现历史时空观念的传递和强化。时间轴教学首先要求教师在备课阶段对教学内容进行系统的梳理，将重要的历史事件、任务、制度变革等按照时间顺序进行排列，形成一条完整的历史时间线，这条时间线不仅是历史教学的骨架，也是学生理解历史的基础。在课堂教学过程中，教师可以通过多媒体展示、黑板绘制或者发放纸质时间轴等多种方式，将时间轴直观地展现给学生，让学生在视觉上对历史事件的时间顺序有更清晰的认知。在时间轴的辅助下，教师可以引导学生回顾并总结历史事件，分析不同时期的历史特点和转折点，从而培养学生的历史思维能力。

（二）地图教学

地图教学要求教师在教学准备阶段精心挑选和设计地图素材，这些地图不仅包括传统的行政区划图、地形图、交通图，还应包含历史时期的古地图、战争图、城市平面图等，以确保学生能够从多个角度理解历史事件的空间背景。地图教学能够帮助学生理解历史时期的人文地理特征，如城市布局、人口分布、文化区域等，这些因素对于历史进程的影响十分重要，通过地图的对比分析，学生可以更加直观地看到历史变迁中的人文地理变化。在地图教学的实践中，教师可以采用多种教学方法，如地图标注、地图分析、角色扮演等，让学生在互动中学习。例如，在讨论古代帝国的扩张时，教师可以让学生在地图上标注出帝国的边界变化，分析扩张的动因和结果。

（三）比较教学

比较教学要求教师在教学设计和实施过程中确定比较的主题和对象，这些主题可以是对应历史发展的重要阶段，如古代文明的兴起与衰落，也可以是相似历史事件的比较，如不同国家的革命或改革，或者是同一历史时期不同地区的发展差异。在确定比较主题后，教师需要引导学生收集和整理相关的历史资料，这些资料应当是多元和全面的，包括文献、图片、统计数据、实物等，以确保比较的深度和广度。在课堂教学过程中，教师应当运用恰当的教学手段，如案例研究、小组讨论、思维导图等，来引导学生进行比较分析。比较教学强调学生从多个维度进行思考，如政治、经济、社会、文化、技术等，通过比较这些维度在不同历史时空中的表现，学生能更加深入地理解历史事件的复杂性。例如，在比较古代罗马帝国和古代中国的政治制度时，学生可以探讨中央集权与地方分权的不同模式，以及这些模式对帝国兴衰的影响。在比较经济制度时，学生可以分析封建经济与奴隶经济的差异，以及这些经济制度如何塑造了不同的社会结构和阶级关系。

二、文化认同的教育目标

（一）增强学生对中华优秀传统文化和民族历史的了解

文化认同的教育目标旨在培养学生的文化自觉和自信，而增强学生对中华优秀传统文化和民族历史的了解则是实现这一目标的基础。中华优秀传统文化是中华民族的根和魂，它承载着中华民族的历史记忆、智慧成果和道德观念，是维系民族生存和发展的重要力量。因此，高校历史课程应当着重引导学生深入认识和理解中华优秀传统文化，以及中华民族波澜壮阔的历史进程，从而在学生心中树立坚定的文化认同。首先，增强学生对中华优秀传统文化的了解，需要从中华文化的起源、发展、演变及其内在精神入手。其次，教师应当通过具体的历史事件、文化现象、思想流派、艺术成就等，向学生展示中华文化的丰富内涵和独特魅力。例如，通过对古代农业文明的介绍，让学生了解中华文明对世界农业发展的贡献；通过讲解诸子百家的思想，让学生领悟到中华哲学的深邃和智慧。

（二）培养学生的国家认同感和爱国主义精神

国家认同感是个人对自己所属国家的认同和归属感，爱国主义精神则是个人对国家的忠诚和热爱，两者相辅相成，共同构成了文化认同的核心。高校历史课程作为传承历史文化、塑造民族精神的重要载体，应当通过教学策略的创新，深入挖掘和传承中华民族的优秀传统，引导学生正确认识国家的历史、文化、制度和发展道路，从而在学生心中根植深厚的国家认同感和坚定的爱国主义精神。教师应当着重介绍中华民族在长期的历史发展过程中形成的共同价值观、民族精神和历史文化传统，如团结统一、爱好和平、勤劳勇敢、自强不息等，这些价值观和精神是维系国家团结和民族进步的纽带。

（三）促进学生对多元文化的尊重和理解

在全球化的今天，多元文化的交流和碰撞日益频繁，如何引导学生正确认识和理解不同文化，培养学生的跨文化交际能力，已经成为历史教学的重要课题。高校历史课程不仅承载着传授历史知识的重任，也肩负着培养学生开放心态、尊重差异、理解多样性的使命，对于构建和谐社会、推动文明交流互鉴具有重要意义。历史课程教学应当强调文化的多样性和丰富性，让学生认识到世界是由不同文化共同构成的。教师可以通过介绍世界各地的历史文明，如古埃及、古希腊、古印度等，以及这些文明对人类历史发展的影响，让学生感受到不同文化的独特魅力和价值。同时，通过比较不同文化的发展轨迹和特点，学生能够认识到文化差异是人类社会的常态，从而在心理上接受和尊重多元文化。

第三节　跨学科融合以拓宽历史教学深度与广度

在当前的教育环境下，跨学科融合已经成为提高教学质量、培养学生综合素质的重要途径。对于高校历史课程而言，跨学科融合不仅能够丰富教学内容，还能够提升学生的思维能力和创新能力。本节探讨如何通过学科融合来拓宽历史教学的深度与广度。

一、教学内容的跨学科设计

历史课程应当融入考古学、人类学、社会学等学科的知识，以增强历史教学的实证性和立体感。例如，在讲述古代文明时，可以结合考古学的最新发现，使学生通过实物资料更直观地了解古代社会的面貌；在探讨社会变迁时，可以引入社会学的理论框架，帮助学生从宏观和微观的角度分析历史现象。历史教学应当借鉴文学、艺术、哲学等人文学科的研究成果，以丰富历史解释的维度。例如，通过分析历史时期的文学作品和艺术作品，可以让学生更深入地理解当时的社会文化背景和人们的情感思想；通过探讨历史事件背后的哲学思想，可以引导学生思考历史发展的深层次原因。历史课程还应当融合经济学、政治学、法学等社会科学的理论，以提高历史分析的深度。例如，在研究历史时期的经济发展时，可以运用经济学模型和理论来分析经济政策的效果；在讨论历史事件时，可以从政治学和法学的视角，探讨政治制度和法律规范对历史进程的影响。在教学内容的跨学科设计中，教师应当注重学科之间的内在联系，而非简单的知识堆砌。教师需要精心设计课程结构，确保跨学科内容与历史主干知识有机结合，形成逻辑清晰、层次分明的教学体系。同时，教师还应当鼓励学生运用跨学科思维进行历史研究，通过项目式学习、案例研究、问题导向学习等方式，激发学生的探究兴趣和创新能力。

二、教学方法的跨学科应用

历史教学可以借鉴文学的教学方法，如文本细读、叙事分析等，引导学生深入解读史料。通过文本细读，学生能够更准确地理解历史事件的具体细节和深层含义；通过叙事分析，学生能够把握历史发展的脉络和叙事结构，从而提高学生的史料解读能力。历史教学可以采用社会学和人类学的研究方法，如田野调查、民族志研究等，让学生走出课堂，进行实地考察和口述历史采集。这样的方法不仅能增强学生的实践能力，还能让学生更加直观地感受历史现场，理解历史与现实的联系。历史教学可以融入艺术教育的教学方法，如视觉分析、创意写作等，激发学生的想象力和创造力。通过视觉分析，学生可以解读历史图像中的信息，理解视觉文化在历史中的作用；通过创意写作，学生可以以历史人物或事件的视角进行创作，加深对历史的情感体验。此外，历史教学可以借鉴自然科学的实验方法和数据处理技术，如模拟实验、数据可视化等，让学生通过实验操作和数据分析来探究历史问题。模拟实验可以帮助学生理解历史决策的过程和结果，数据可视化则能够帮助学生更清晰地看到历史数据的趋势和模式。

三、跨学科师资队伍建设

跨学科师资队伍建设是提升历史教学质量和效果的关键因素，其要求高校打破传统学科界限，构建一支具有多元知识结构、跨学科视野和创新能力的教学团队。高校应当制定明确的师资队伍建设规划，将跨学科能力作为教师招聘和选拔的重要标准。在招聘过程中，注重考察应聘者的跨学科背景和潜力，优先考虑那些具有跨学科研究经历或教学经验的候选人。同时，对于现有教师，通过在职培训、学术交流、跨学科项目参与等方式，提升教师的跨学科教学能力。另外，高校应当鼓励和支持历史教师进行跨学科研究，通过科研项目、学术会议、工作坊等形式，促进教师与其他学科领域的专家学者进行深入交流与合作。这种跨学科的研究经历不仅能丰富教师的知识体系，还能为课堂教学提供鲜活的案例和前沿的视角。高校应当建立跨学科的教学团队，通过团队协作教学模式，实现不同学科教师之间的优势互补。例如，可以组建由历史学、考古学、社会学、人文学等学科教师组成的教学团队，共同设计和实施跨学科课程，共同指导学生进行跨学科研究。此外，高校还应当完善教师评价体系，将跨学科教学和研究成果纳入教师绩效考核和职称评定体系中，激励教师积极参与跨学科教学实践。同时，为教师提供必要的资源和条件，如跨学科实验室、图书资料、信息技术支持等，为教师进行跨学科教学和研究提供保障。

四、跨学科项目和研究

跨学科项目和研究能将历史学的理论和方法与其他学科的知识和技术相结合，从而在学术研究和教学实践中开辟新的领域，为学生提供更为丰富和多元的学习体验。跨学科项目和研究能够促进历史学科与其他学科之间的知识交流与创新。通过与其他学科如文学、哲学、社会学、政治学、经济学等领域的合作，历史研究可以引入新的研究视角和方法，从而深化对历史事件和现象的理解。例如，历史学与地理信息系统的结合可以用于历史地图的制作和分析，为社会历史研究提供空间化的解读。跨学科项目和研究有助于培养学生的批判性思维和问题解决能力。在跨学科项目中，学生需要面对复杂的历史问题，学会从不同学科的角度出发，综合运用多种研究方法来分析和解决问题。这种训练不仅能提高学生的研究能力，还能激发学生的创新潜能。跨学科项目和研究能丰富历史课程的教学内容，使之更加贴近现实和社会需求。通过将历史研究与当前的社会热点问题相结合，教师可以设计出更具时代感和现实意义的教学案例，提高学生的学习兴趣和参与度。此外，跨学科项目和研究还能促进教师的专业成长和学术发展。教师在指导跨学科项目的过程中，不仅能提升自身的跨学科教学能力，还能拓宽研究领域，促进学术成果的产出。

第四节　关注个体差异，实施个性化历史教学

在教育改革不断深化的背景下，关注学生个体差异，实施个性化教学已成为提高教育质量的重要方向。高校历史课程教学也不例外，应当根据学生的不同背景、兴趣、能力和学习需求，采取差异化的教学策略，以促进每个学生的全面发展。本节旨在探讨如何在历史教学中关注个体差异，实施个性化教学。

一、多元化教学资源

多元化教学资源是指在教学过程中，教师根据学生的兴趣、能力、学习风格等个体差异，提供丰富多样的教学材料和信息，以适应不同学生的学习特点，从而有效地促进每个学生的全面发展。这些资源包括但不限于传统的历史教材、电子图书、网络数据库、历史档案、多媒体课件、历史题材的电影和纪录片、虚拟现实技术等。通过整合这些资源，教师能构建一个多层次、多角度、动态互动的历史教学环境，让学生在探索历史的过程中，根据自己的学习节奏和兴趣点，选择适合自己的学习路径。例如，对于视觉型学习者，教师可以提供丰富的图像和视频资料，帮助学生更直观地理解历史事件；对于动手型学习者，可以通过历史模型制作、角色扮演等活动，让学生在实践中感受历史的魅力；对于喜欢深度思考的学生，则可以提供深入的历史分析和评论文章，培养学生的批判性思维能力。此外，多元化教学资源还能帮助教师打破单一的教学模式，实现教学内容的丰富化和教学方法的多样化，从而提高教学的吸引力，激发学生的学习热情。在利用多元化教学资源的过程中，教师还需要注意资源的质量把控，确保所提供的教学内容准确可靠，符合学术规范，同时也要关注资源的更新，以保持教学的时代性和前沿性。

二、分层次教学设计

分层次教学设计是根据学生的知识基础、学习能力、学习兴趣和认知风

格等不同特点，将学生分为不同的层次或小组，并为每个层次或小组制定适合其特点的教学目标和教学内容，采用不同的教学方法和评价标准，以最大限度地满足每个学生的学习需求，促进每个学生的个性发展和能力提升。这种教学设计理念充分体现了教育公平和因材施教的原则。分层次教学设计要求教师在教学实践中充分了解和研究学生，科学合理地进行层次划分，确保每个层次的学生都能在原有基础上得到提高。在具体操作上，教师需要对教学大纲进行细致的分析，将教学目标分解为不同层次的具体目标。对于基础层次的学生，教师应着重于历史知识的普及和基本概念的掌握，通过循序渐进的方式，帮助学生建立扎实的历史知识体系；对于中等层次的学生，则可以在基础知识的基础上，增加历史事件的分析和评价，培养学生的历史思维和批判性思维能力；对于高层次的学生，则应更加注重历史研究方法的训练和学术探讨，鼓励学生进行深度学习和独立研究，激发学生的创新潜能。同时，分层次教学设计还要求教师在教学方法上做出相应的调整，如对于基础层次的学生，可以采用更多的直观教学和重复练习，而对于高层次学生，则可以采用探究式学习和项目化学习等更加开放和挑战性的教学方法。此外，教师在评价学生时应采用多元化的评价体系，其不仅要关注学生的知识掌握情况，还应关注学生在学习过程中的态度、努力程度和进步情况，以及学生的个性化发展和创新能力。

三、个性化学习路径

个性化学习路径是指根据每个学生的兴趣、特长、学习风格和认知水平等因素，为其量身定制的学习方案和进程。个性化学习强调学生在学习过程中的主体地位，注重学习内容的个性化选择、学习方法的个性化运用和学习进程的个性化安排。个性化学习路径的实现，首先要求教师对学生的个性特征和学习需求进行深入的了解和分析，通过问卷调查、访谈、观察等方式，收集学生的背景信息、学习习惯、兴趣爱好等，为每个学生建立详细的学习档案。在此基础上，教师与学生共同制定符合其个性特征和学习目标的学习计划，包括选择适合的学习资源、确定学习目标和进度、安排学习活动等。在个性化学习路径的设计中，教师应提供多样化的学习资源，如在线课程、开放教育资源、专业书籍、历史文献等，以满足不同学生的学习偏好和需求。同时，教师还应引导学生根据自己的学习风格选择合适的学习方法，如视觉型学习者可以多使用图表和视频资料，听觉型学习者可以通过听取讲座和讨论来学习，动手型学习者则可以通过历史模拟实验和实地考察来加深理解。此外，个性化学习路径还要求教师对学生的学习进程进行动态跟踪和及时反馈，通过定期的学习评估和个别辅导，帮助学生调整学习策略，确保学习目标的实现。个性化学习路径的评价体系也应体现出个性化和多元化的特点，不仅要评价学生的知识掌握程度，还要评价学生的创新能力、实践能力、合作能力等。

四、灵活性评价体系

灵活性评价体系旨在通过多元化的评价方式和方法，全面、客观、公正地反映学生的学习过程和成果，充分尊重学生的个性差异，激发学生的学习积极性，促进学生的全面发展。灵活性评价体系强调评价内容的多维度，不仅包括历史知识的掌握程度，还涵盖学生的思维能力、创新能力、实践能力、情感态度和价值观念等方面，通过综合评价学生的知识、技能和素养，更好地实现教育目标。在评价方法上，灵活性评价体系倡导多种评价手段的结合，包括传统的笔试、口试、学术论文写作，以及更加注重过程和实践的评价方式，如学生自评、同伴评价、教师观察、学习档案袋、项目报告、历史主题活动参与等，这些方法能从不同角度和层面捕捉学生的学习信息，为教师提供全面的学生学习情况。灵活性评价体系还注重评价过程的动态性，强调评价应贯穿于整个学习过程，而不仅仅是在学习结束后进行。通过形成性评价和诊断性评价，教师可以及时了解学生的学习进展和存在的问题，及时给予反馈和指导，帮助学生调整学习策略，提高学习效率。同时，灵活性评价体系也强调评价标准的个性化，不同学生的学习起点、学习目标和学习成果可能存在差异，因此评价标准应具有一定的弹性和适应性，能根据学生的具体情况做出合理调整，确保每个学生都能在评价中获得公正的对待和合理的评价。此外，灵活性评价体系还鼓励学生参与评价的设计和实施过程，这不仅能增强学生的主体意识，还能使学生在实践中学会自我评价和反思，培养自我监控和自我管理的能力。

第五节　信息技术进课堂，实施历史教学新手段

随着信息技术的飞速发展，其在教育领域的应用日益广泛，为教学改革

提供了新的动力和手段。高校历史课程教学也不例外，信息技术的融入不仅能丰富教学资源，还能提升教学效率和质量。本节将探讨如何将信息技术应用于历史课堂，实施新的教学手段。

一、多媒体教学

多媒体教学通过运用计算机、投影仪、音响设备等多种电子设备，结合文字、图片、视频、音频等多种多媒体形式，将抽象的历史概念和事件以直观、生动、形象的方式传递给学生，极大地丰富了教学内容的表达手段，提高了教学信息的传递效率。多媒体教学的优势在于其强大的表现力和互动性，能突破时间和空间的限制，将遥远的历史场景拉到学生面前，使学生对历史事件有更加直观的感受和深刻的理解。例如，在讲述古代历史时，可以通过展示古代建筑、文物、服饰的图片和视频，让学生仿佛身临其境，感受历史的气息；在讲述重大历史事件时，可以通过播放相关纪录片或历史剧片段，使学生更加生动地理解事件的发展脉络和背后的历史意义。此外，多媒体教学还能有效地整合教学资源，教师可以根据教学需要，从互联网上获取丰富的教学素材，包括历史档案、学术论文、专家讲座等，这些资源不仅能拓宽学生的知识视野，还能激发学生的探究兴趣，提高学生的研究能力。

二、网络资源利用

网络资源的利用，指的是在历史教学过程中，教师和学生通过互联网平台获取、分析和应用各种历史信息资源，以丰富教学内容，提高教学效率，拓宽学习视野。网络资源的丰富性和便捷性为历史教学提供了前所未有的机遇，它不仅包括海量的历史文献、电子书籍、学术论文，还有各种历史数据库、在线课程、虚拟博物馆以及历史学术论坛等，这些资源为历史教学和研究提供了极大的便利。教师可以利用网络资源进行课程准备，通过检索和筛选，将最新的学术研究成果和不同的历史观点引入课堂，从而提高教学内容的深度和广度，增强教学的时效性和前沿性。同时，网络资源的多样性也有助于教师根据学生的兴趣和需求，定制个性化的教学方案，满足不同学生的学习偏好。学生在学习过程中，可以借助网络资源进行自主学习，通过查阅在线资料、观看历史讲座、参与网络讨论等方式，加深对历史知识的理解和掌握。网络资源的利用还能培养学生的信息素养，教会学生如何在繁杂的信息中筛选出有价值的内容，如何批判性地分析历史资料，如何有效地整合和利用信息，这些都是现代社会所需要的重要技能。然而，网络资源的利用也面临着挑战，如资源的质量参差不齐、信息真伪难辨等，这就要求教师在引导学生使用网络资源时，要有甄别和筛选的能力，培养学生正确的信息化观念和学术观念。

三、在线学习平台

在线学习平台作为一种基于互联网的教学环境，为教师和学生提供了一个互动、灵活、开放的学习空间，打破了传统课堂的时空限制，使学习可以随时随地发生。在线学习平台的运用，首先体现在课程内容的数字化上，教师可以将教学大纲、讲义、阅读材料、作业等教学资源上传至平台，学生可以根据自己的学习进度随时下载和浏览，这种便捷的获取方式极大地提高了学习效率。同时，在线学习平台通常具备丰富的功能，如视频直播、讨论区、作业提交系统、测试与评价等，这些功能使教学活动可以多样化地进行，教师可以通过直播授课，实时解答学生的疑问，学生也可以通过平台的讨论区进行交流与合作，共同探讨历史问题，这种互动性有助于构建一个积极的在线学习社区。此外，在线学习平台还能实现个性化学习，平台可以根据学生的学习行为和成绩数据，推荐适合的学习资源，帮助学生补齐知识短板，提高学习效果。在线学习平台还为学生提供了自我评估的工具，学生可以通过在线测试、模拟考试等方式，自我检测学习成果，及时调整学习策略。对于教师而言，在线学习平台不仅是一个教学工具，还是一个教学研究和反思的场所，教师可以通过分析平台上的数据，了解学生的学习习惯、参与度和满意度，从而优化教学设计，提升教学质量。然而，在线学习平台的运用也面临着挑战，如何确保学生的在线学习参与度，如何保证在线教学的质量，如何处理在线交流中的隐私和网络安全问题，这些都是教师在运用在线学习平台时需要考虑的问题。

四、虚拟现实与增强现实

虚拟现实与增强现实技术能打破时间和空间的束缚，让学生仿佛身临其境地体验历史场景，这种沉浸式学习体验能激发学生的学习兴趣，加深对历史事件的理解。例如，学生可以通过虚拟现实头盔进入古代战场，亲身感受战场的氛围，或者漫步在虚拟的历史街道上，观察古代社会的日常生活，这种体验式学习远比传统的课堂讲授更加生动深刻。增强现实技术则是在现实环境中叠加虚拟信息，通过智能手机、平板电脑等设备，学生可以在现实的教室或博物馆中，通过屏幕看到历史相关的虚拟图像和信息，这种技术将抽象的历史知识具体化，使学习内容更加直观和易于理解。例如，在讲解古代建筑时，学生可以通过增强现实应用在真实的建筑模型上看到建筑的虚拟重建，了解其历史变迁和建筑特色。虚拟现实与增强现实技术的运用，不仅改变了学生的学习方式，而且对教师的教学方法提出了新的要求。教师需要掌握这些技术的基本操作，并能将其与教学内容有效结合，设计出符合教学目标的历史模拟体验。同时，教师还需关注学生在虚拟环境中的学习状态，提供必要的指导和帮助，确保学习活动的有效进行。

第三章　优化教学方式，提升历史课堂效能

在新时代的教育背景下，高校历史课程的教学策略亟待更新与优化。本章将从情境教学模式、翻转课堂模式、小组合作学习、实践活动教学以及案例教学法五种教学方式，探讨如何提升历史课堂的教学效能，激发学生兴趣，培养其历史思维和综合素养。

第一节　情境教学模式在历史教学中的应用与实践

情境教学模式作为一种寓教于乐的教学方法，其在历史教学中的应用，旨在通过模拟历史场景，让学生身临其境地体验历史事件，从而加深对历史知识的理解和对历史人物的同理心。本节以"大一统与秦朝中央集权的确立"为例，详细阐述情境教学模式在历史教学中的具体应用步骤和实施策略，展示如何通过情境创设、角色扮演和问题引导等手段，激发学生的学习兴趣，提升课堂互动性和教学效果，进而达到优化教学方式，提升历史课堂效能的目的。

一、教学设计

教师首先对秦朝的历史背景进行了深入的研究，收集了相关的历史资料，如秦始皇的传记、秦朝的法律文献、兵马俑的图片和考古发掘报告等，将这些资料巧妙地融入多媒体教学课件中，以图、文、声、像并茂的形式，为学生构建一个生动的秦朝历史场景。课堂上，教师以讲述秦朝统一六国的历史为开端，通过播放相关的历史纪录片片段，让学生直观地感受到秦朝的强大。随后，教师引导学生进行角色扮演，将学生分为"秦始皇""李斯""王翦"等历史人物以及不同阶层的民众，使学生在模拟的历史场景中，探讨秦朝中央集权制度的确立过程及其对各个阶层的影响。在角色扮演的过程中，教师提出诸如"秦朝如何通过法律和制度实现中央集权""秦始皇的中央集权政策

对当时社会有哪些积极或消极的影响"等问题，引导学生从不同角度分析秦朝的政治制度和社会变革。学生在这种情境下，不仅能更加深刻地理解秦朝中央集权的意义，还能在讨论中锻炼自己的历史分析和思辨能力。教学活动的最后，教师组织学生进行集体讨论和反思，让学生从秦朝的历史经验中提炼出对现代国家治理的启示，从而实现历史知识的现代化迁移。

二、教学目标

通过情境教学法的巧妙运用，实现对学生历史知识、思维能力、情感态度和价值观念的综合培养。情境教学模式旨在让学生在高度还原的历史场景中，不仅掌握扎实的历史基础知识，如历史事件、人物、时代背景等，而且能培养其批判性思维和创造性思维，使学生能在复杂的历史现象中抽丝剥茧，分析历史发展的内在逻辑和规律，从而形成深刻的历史洞察力。同时，教学目标还强调通过角色扮演和情境体验，激发学生的情感共鸣，使其能理解历史人物的行为动机和价值选择，培养其对历史的同情与尊重，以及对不同文化背景下历史观念的包容和理解。此外，情境教学模式还致力于塑造学生的历史责任感和社会责任感，通过历史案例的深入剖析，引导学生正确认识历史与现实的关系，培养学生运用历史智慧解决现实问题的能力，以及在面对未来挑战时，能够以史为鉴，坚定信念，积极投身于社会主义现代化建设，为构建和谐社会贡献自己的力量。

三、教学过程

（一）导入新课

导入新课环节，教师通过展示一幅描绘战国时期诸侯割据的地图，引导学生回顾春秋战国时期的历史背景，随后提出问题："在这样一个分裂的时代，秦朝是如何实现六国的统一，并建立起中国历史上第一个中央集权国家的？"这样的导入既复习了学生的已有知识，又激发了学生对新课题的好奇心和探究欲。

（二）创设情境

创设情境环节，教师利用多媒体播放《大秦帝国》片段，展示秦王嬴政统一六国的壮阔场景，以及秦始皇巡游天下的历史画面，让学生仿佛置身于那个时代。同时，教师通过讲述秦始皇统一度量衡、文字的故事，让学生感受到秦朝大一统的历史意义。

（三）课堂实践

教师将学生分成小组，每组负责研究秦朝中央集权制度的一个方面、如法律、军事、经济等。小组成员通过查阅资料、讨论交流，总结出秦朝中央集权制度的特点和影响。接着，每组选代表进行汇报，其他学生和教师进行点评和讨论。

（四）深化拓展

深化拓展环节，教师引导学生思考秦朝中央集权制度的深远影响。比如，讨论郡县制如何成为当今中国地方行政的基本模式，以及秦朝的中央集权制度对后世政治制度的借鉴意义。教师可以提出问题："秦朝的中央集权制度有哪些优点和缺点？它对今天的中国有哪些启示？"

（五）课堂小结

课堂小结环节，教师总结本节课的核心内容，强调秦朝大一统和中央集权制度对中国历史的重要作用，即结束了长期的分裂局面，促进了经济文化的交流和发展。同时，教师指出秦朝中央集权制度中存在的问题，如过于严苛的法律导致民不聊生，最终导致秦朝的迅速灭亡。最后，教师布置课后作业，要求学生撰写一篇关于秦朝中央集权制度的小论文，以加深对课程内容的理解和记忆。

四、教学反思

情境教学模式虽然在一定程度上提高了学生的学习兴趣和参与度，让学生在模拟的历史情境中更加直观地感受到历史的魅力，但在实际操作中也遇到了一些挑战和问题，如如何确保所有学生都能在情境中积极参与、如何平衡情境创设的真实性与教学内容的学术性，以及如何在有限的课堂时间内深入探讨历史事件背后的复杂因素。教师在设计情境时，需要考虑学生的个体差异，确保每个学生都能在情境中找到适合自己的角色和任务，同时，教师还需要不断提升自身的教学技能，以便更好地引导学生在情境中学习。

第二节　翻转课堂模式在历史课堂的推广与互动

本节探讨翻转课堂模式在历史课堂的推广与互动。翻转课堂作为一种新兴的教学模式，其颠覆了传统的教学流程，将知识传授和知识内化两个阶段进行了颠倒，从而为历史教学带来了新的活力和可能性。翻转课堂是指将传统的课堂讲授环节转移到课前，由学生通过观看教学视频、阅读材料等方式自主学习，而课堂时间则用于开展讨论、实践、解决问题等互动性更强的教学活动。这种模式的特点在于增强了学生的自主学习能力，提高了课堂时间的利用效率，以及促进了师生之间和学生之间的互动交流。

一、翻转课堂模式在历史课堂的推广

（一）课前准备

教师在进行课前准备时，需要根据课程标准和教学目标，精心挑选和设计适合学生自学的教学资源，这些资源包括但不限于教学视频、历史文献、学术论文、在线课程等，确保内容的质量和深度能够满足学生的学习需求。同时，教师还需要考虑学生的认知水平和学习习惯，将复杂的历史概念和事件以易于理解的方式呈现，如通过时间线、思维导图、图表等形式，帮助学生建立清晰的历史框架和逻辑关系。

此外，教师应制定明确的学习指南和任务清单，包括观看视频的顺序、阅读材料的重点、思考问题的方向等，引导学生有序开展自主学习。为了检测学生的自学效果，教师还需要设计一系列课前练习或小测验，这些练习应具有一定的挑战性，能促使学生深入思考，并在完成过程中发现自己的知识盲点。在技术支持方面，教师应熟练掌握必要的多媒体制作技能，确保教学视频的制作质量，同时，选择稳定的学习平台上传资料，方便学生随时随地查看学习内容。

（二）课堂互动

课堂互动环节是实现学生知识内化、思维训练和情感交流的核心。在这一环节，教师将课堂时间从传统的知识讲授转变为以学生为中心的互动讨论，通过小组合作、角色扮演、案例分析和问题解决等形式，鼓励学生将课前自学的内容进行深入探讨和应用。教师作为引导者和促进者，设计一系列旨在激发学生思考的问题，这些问题往往具有启发性，能够引导学生从不同角度审视历史事件，培养学生的批判性思维能力。在课堂互动中，教师鼓励学生分享自己的观点和见解，同时也要求学生倾听他人的意见，通过思想的碰撞和交流，学生能更加全面地理解历史事件的复杂性和多样性。为了增强互动效果，教师可以采用轮流发言、头脑风暴、辩论赛等互动技巧，确保每个学生都能积极参与到课堂讨论中来。此外，教师还可以适时提供反馈，帮助学生修正错误的理解，深化对历史概念的认识，同时，教师根据学生的表现和反馈，灵活调整教学策略，以满足不同学生的学习需求。

（三）评价与反馈

评价与反馈不仅是对学生学习成果的检验，更是对教学过程和教学策略的反思和调整，它贯穿于整个翻转课堂模式的始终，从课前自学到课堂互动，再到课后总结，每个环节都需要教师进行细致入微的评价和及时有效的反馈。在翻转课堂模式中，评价方式将更加多元化且综合化，不再单纯依赖传统的笔试和考试，而是结合学生的课前自学表现、课堂讨论参与度、小组合作能力、历史分析能力等进行评价。教师通过观察、提问、小组汇报、学生自评和互评等手段，全面了解学生的学习状态和进步情况。

二、翻转课堂模式在历史课堂的互动

（一）设计有趣的历史话题，激发学生学习兴趣

教师通过精心挑选和设计具有吸引力、时代感和思考价值的历史话题，能有效提升学生的参与度和学习热情，使学生在课前自学和课堂互动中更加积极主动。这些话题往往紧密结合学生的生活经验和社会热点，如古代文明的发展与衰落、历史人物的功过得失、重大历史事件的背后原因及其影响等，通过这些话题的引入，教师能引导学生从历史的角度审视现实，理解历史与现代社会之间的联系。同时，教师可以设计一些具有争议性的历史话题，如历史事件的重新评价、历史人物的重新解读等，这些话题能激发学生的好奇心和探究欲，促使学生在课堂讨论中各抒己见，展开深入的思辨和交流。此外，教师还可以利用多媒体资源，如历史纪录片、历史电影片段等，将这些资源与历史话题相结合，以视觉和听觉的冲击力增强话题的吸引力，让学生在视听享受中学习历史知识，感受历史的魅力。

（二）鼓励学生提出问题，分享自己的观点

翻转课堂模式为学生提供了一个开放的学习环境，教师在这一环境中扮演着引导者和促进者的角色，通过激励学生主动提问和表达自己的见解，不仅能培养学生的批判性思维能力，还能增强学生的自信心和沟通能力。教师在课堂上营造一个安全、包容的氛围，让学生感受到自己的观点被尊

重和重视，从而更加勇敢地提出自己的疑问和想法。这些问题可能涉及历史事件的细节、历史人物的决策背后的动机、历史发展的趋势等，通过提问，学生能对历史进行更深入的挖掘和理解。同时，教师在学生分享观点时，不仅要耐心倾听，还要适时给予反馈，引导学生更好地组织语言、更严谨地论证自己的观点，以及从不同的角度分析历史问题，这种互动方式让学生从被动的知识接受者转变为主动的知识探索者。学生在提出问题和分享观点的过程中，不仅加深了对历史知识的掌握，还学会了如何有效地表达自己的思想，如何在讨论中学习他人的长处，如何在反思中不断修正和完善自己的认知。

（三）利用在线学习平台，增强学生之间的互动

在线学习平台通常具备讨论区、聊天室、小组合作空间等功能，教师可以充分利用这些功能来设计各种互动活动，如在线辩论、协同写作、问题解答等，这些活动不仅能促进学生之间的思想碰撞和知识共享，还能帮助学生建立起良好的学习共同体。学生在讨论区可以针对历史话题发表自己的看法，对同伴的观点进行评论和反馈，这种异步交流为学生提供了更多思考和组织语言的时间，使互动更加深入和有意义。同时，小组合作空间允许学生以团队形式完成历史项目或研究任务，学生可以在平台上共享资源、分工合作、高效沟通，这种合作学习的方式不仅增强了学生之间的互动，还能培养学生的团队协作能力。

第三节 小组合作学习以提升团队协作与交际能力

小组合作学习是基于传统的班级授课制这一基本教育框架，结合了集体教学和个性化教学的特点和优势，形成的一种创新性教学方法。其强调通过构建一个互动性强、相互协作的学习环境，来促进学生全面发展。在这种教学模式下，课堂教学依然是传授知识与技能的基本手段，但课堂的主体却发生了显著改变。教师从过去的课堂主导者变为了引导者，通过组织并设计学习小组，并为学生布置明确的目标和具体的任务，鼓励学生通过合作的方式解决问题，进而深化对所学知识的理解与应用。组内成员进行合作的同时，组间又形成了一种良好的竞争关系，有助于激发学生的学习积极性。小组合作学习的核心在于发挥群体的积极功能，即利用不同成员在智力、经验等方面的优势，成员之间相互激励，以增强个体的学习效果。每个成员都能在小组中找到自己的位置，同时也能充分学习他人的长处，从而快速达到既定的教学目标。

高校历史教学中会涉及大量的文献资料，面对这一庞大的知识体系，单凭个人的力量往往难以实现全面把握和深入理解。此时，可以在历史教学中引入小组合作学习方法，以实现知识的交流和共享。不同学生的知识储备都是不同的，有的学生可能对某个历史时期有着一定了解，而有的学生则可能对某位历史人物具有独到见解。在合作的过程中，学生可以将自己的知识与经验传递给其他学生，并由学生之间进行相互补充和启发，进而建立起全面的历史认知框架。在讨论和互动的过程中，学生可以就不同观点展开辩论，辩证吸收他人的意见，并激发出新的观点和看法，这一过程将不再仅仅局限于书本上既有的知识，而是一个更加开放、包容的学习过程，有助于拓宽学生的知识视野，加深对历史的理解和感悟。此外，这一过程也是培养学生团队协作与交际能力的关键。学生在与他人进行合作的过程中需要相互协调和配合，在表达自身观点的同时也要学会尊重他人的观点，耐心倾听各种不同的意见，并努力在团队中发挥自己的作用，最终实现与他人合作共同解决问题的目标。这一过程所培养的能力对于学生今后的学习和工作具有重要意义。

在构建小组合作学习模式时，教师需要严格遵循"组内异质、组间同质"的原则，根据学生的性别比例、学习水平、交际能力等，将全体学生分为不同小组，确保小组内部呈现出多样性，同时使各个小组之间保持相对均衡，这样有利于形成公平竞争和资源共享。小组成员由 6 名学生组成，并根据每位学生的特长与优势进行合理分工。例如，组织协调能力突出的学生担任小组长，负责统筹安排小组活动；擅长记录与整理信息的学生担任记录员，负责对活动过程及成果进行详细记录；表达能力强的学生担任发言人，负责将小组讨论的结果展示给其他小组和教师。此外，还可以采取轮流更换发言人的制度，让每位学生都有发言的机会，从而提升其交际能力。虽然课堂主导权交给了学生，但这并不意味着教师可以完全放任不管。事实上，教师在小组合作学习模式中需要扮演好总策划与掌控者的角色，负责整体布局与流程调控，确保教学活动顺利进行。同时，教师需要积极参与到小组活动中，深入了解学生讨论进展情况，并适当给予一些指导和建议。此外，教师也是小组讨论的引导者，需要运用启发式教学策略，引导学生发现、分析并解决问题，以培养其批判性思维与创新能力。

以《史学概论》（高等教育出版社）为例，教师在组织课堂教学活动时可以采用小组合作学习的方式，分组方式同上。首先，教师可以结合教材中的关键章节，为每位小组分配一个具体的学习任务。例如，针对"历史、历史学与历史观"这一章节，教师可以要求一个小组共同调研并撰写一份关于历史学在当代社会价值的分析报告；同时要求另一小组设计一个项目，展示如何运用不同的史学方法来解读同一历史事件。其次，在完成任务分配后，教师可以鼓励学生在小组内部进行分工和讨论，共同确定研究方向，并完成收集资料、分析论证等一系列工作，最终形成一份完整的研究报告或展示材料。这一过程中，教师需要为学生提供适时的引导和支持，在帮助学生解决问题的同时又能激发学生的深度思考。最后，当小组完成各自的任务后，教师可以组织学生进行集中展示，在此过程中，其他小组的学生可以提出问题、发表评论，并由小组发言人一一回答，从而形成积极的课堂氛围。

在教授《中国近代史纲要》（高等教育出版社）时，以"辛亥革命"相关内容为例，教师可以为每个小组提出一个具有挑战性的项目任务——设计并制作一份关于"辛亥革命"的展览板，或共同编写一本以"辛亥革命"为主题的历史故事书，旨在从不同角度让学生深入探索辛亥革命的历史背景、过程、影响及意义，同时充分发挥团队成员的团队协作能力和创意精神。在此过程中，各小组会根据任务要求，结合教材内容，并查阅大量关于辛亥革命的历史资料，通过对其进行深入研究和分析，以明确展览版或故事书的内容框架，然后投入到具体制作环节中。完成上述工作后，教师可以在班级内组织分享会，各小组通过讲解、展示等方式，向师生展示小组的成果，并由其他小组和教师进行评价，优秀成果可以在校内进行公开展示。

通过在教学中采用小组合作学习，成功构建了一个全方位、多层次的师生、生生互动模式，有效打破了传统教学模式的束缚，能为每个学生提供一个表达自身观点的机会，这使学生不再是学习的被动接受者，而是成为学习过程的主动探索者。在合作与交流的过程中，学生的团队协作和交际能力将得到极大发展，同时小组成员共同解决问题的过程也能使学生更好地感受到学习的乐趣和成就感，进而提高学生的学习积极性，提高高校历史教学的成效。

第四节　实践活动在历史教学中的实施与探索

　　历史专业是我国高等教育体系的重要组成部分，一直以来在培养专业历史人才方面发挥着重要作用，但历史作为传统的文科专业，其在当前高校教育体系转型，强调应用型人才培养的大背景下，也面临着前所未有的发展挑战。传统的历史教学模式存在明显的"重理论，轻实践"的特点，灌输式教学在教学中占据主导地位，而学生则长期处于被动地位。在这种教学模式下，不仅缺少师生间的互动，也使学生难以将所学知识与实际生活相结合，这不仅削弱了学生对历史学习的兴趣，也不利于学生历史探究能力和综合素质的提升。面对这一问题，对传统历史教学模式进行改革，重点加强实践教学环节尤为重要。实践教学是一种以学生为主体，通过参与实践活动来深化理论学习和提升能力的教学模式。借助实践活动，学生可以将自身所学知识应用于解决实际问题，并在实践中不断激发自身内在潜能，同时此过程也有助于提升学生的沟通和协作能力。在当前我国高等教育改革的大趋势下，高校历史专业应积极响应这一号召，勇于探索历史教学的新方法，加强实践活动在历史教学中的实施，为培养复合型、应用型人才提供更多支持和保障。

　　以《世界近代史》（北京师范大学出版社）为例，教师在讲授完每章的理论内容后，可以挑选一些与课程内容相关的参考书目，布置给学生作为课后阅读任务，同时要求学生根据阅读感受撰写一篇论文，作为考查学生平时成绩的标准之一。这样不仅可以拓宽学生的学术视野，而且深化了对课堂知识的理解。在此过程中，教师可以指导学生正确的阅读方法，使其学会从书中提取信息并将其整合应用在论文中。为增强学生的课堂参与度，教师可以为学生准备一些符合学生认知水平且具有一定挑战性的主题，并组织学生在课堂上进行小组讨论。例如，在学习法国大革命时，教师可以提出"法国大革命的分期问题：是革命的中断还是连续"；在学习日本明治维新和中国戊戌变法时，教师可以提出"中日社会变革的比较研究：为何一国成功转型而另一国遭遇挫折？"等等。这些问题能充分激发学生的探索欲和求知欲，促使其主动查找资料、概括并形成自己的观点。在讨论过程中，学生将根据所查找到的资料，发表看法，并与其他同学进行思想上的碰撞，在交流观点的过程中逐渐完善自己的认知框架。教师需要适时介入，对学生的发言进行点评，既要肯定其合理之处，又要指出需要改进的地方，并引导学生对讨论问题进行深层次反思。为了进一步提高学生对历史知识的掌握程度和应用能力，教师可以组织学生在课堂上开展一系列单项训练，如课件制作、试讲等，以此为学生创设一个模拟的教学情境，使其逐步掌握教学的基本流程，并在讲解中进一步加强对历史知识的理解。

除了校内实践活动外，教师还可以将实践活动的范围延伸至校外，策划并组织历史研学活动。历史研学作为一种独特的教育形式，主要是通过实地考察和体验式学习的方式，彻底打破教室和书本的界限，使学生能亲身体会历史在现实中的印记。在设计历史研学活动时，高校需要秉承"实地体验与理论学习相结合"的核心理念，使学生在参观历史遗迹、博物馆、纪念馆等具有深厚历史文化底蕴的场所时，能将理论知识与实际体验相融合，从而更加深刻地理解历史事件发生的背景、过程及其深远影响。这不仅有助于巩固学生的知识基础，更能激发其学习兴趣。同时，在研学过程中，教师应鼓励学生充分运用自身的视觉、听觉等，去接触并感知历史，在沉浸式的学习体验中感受历史的温度和力量，从而增强实践活动的趣味性。此外，在研学活动中，教师还需要特别注重培养学生的批判性思维和分析能力，通过向学生提出问题或引导学生主动提问，围绕历史事件进行深入讨论和分析，以培养学生的独立思考能力和历史探究能力，并使学生逐渐形成完整的历史观。在核心模块方面，历史研学活动主要可以分为以下几部分：第一，高校可以结合本土的历史遗迹资源，组织学生进行实地考察，并由教师进行详细讲解，使学生深入了解遗迹背后的历史故事和文化内涵，激发其对历史文化的兴趣。第二，通过参观当地的博物馆和纪念馆，使学生近距离接触各种珍贵文物，再现各种历史场景，并配合专业的讲解，能帮助学生更深入地了解特定历史时期的社会背景、重大事件及杰出人物，进而加深对历史事件的感悟。第三，为了更好地提升实践活动的体验感，教师还可以在历史研学活动中设置历史情景模拟环节。例如，通过组织学生穿上古装，并布设一个古代市集的场景，可以使学生亲身体验古人的生活，了解古代的交易方式。第四，在历史研读活动结束后，教师可以组织学生针对本次活动中自己感兴趣的历史主题开展研究，通过查阅文献、收集资料、分析数据等方式，深入研究历史事件的来龙去脉，形成自己的观点与见解，并作为历史研学活动的最终结果。通过开展历史研学活动，可以达到以下教学目标：第一，通过实地体验，激发学生对历史的兴趣，帮助其建立起历史学习的动机；第二，通过深入了解我国和世界的历史文化，以增强学生的文化认同感和文化自信；第三，在深入了解历史的过程中，加深学生对历史的思考，助力学生形成正确的价值观，全面提高学生的综合素质。

第五节　案例教学法在历史课堂的灵活运用

案例教学法是一种高效的教学手段，其并不等同于简单的举例，而是通过精心设计的案例，引导并组织学生深入探索历史事件的本质与内涵，以促进学生的全面发展。在传统的高校历史教学课堂中，教师通常采用的都是"填鸭式"教学模式，即由教师单向灌输，学生被动接受。然而，大学生不同于小学生和初中生，其有自己思考和自我学习的能力，更期望在实践中检验并深化所学知识，而案例教学法无疑更加符合学生的这一需求。

在应用案例教学法时，教师需要根据历史课程的教学内容与目标，并结合高校学生的认知水平和兴趣点，精心筛选案例素材。需要注意选择的案例必须基于史实且准确无误，同时案例需要密切围绕教学要点，并具有足够的趣味性，使学生能在轻松愉悦的氛围中学习历史。在案例讨论环节，教师则需要发挥引导者的角色，适时介入，引导学生始终围绕案例展开深入讨论，确保讨论既热烈又有序，避免课堂陷入冷场或偏离主题的情况。在案例讨论结束后，教师需要组织学生对本次讨论的结果进行梳理和提炼，以巩固学习成果。教师则需要对学生的表现进行全面、客观的评价，指出其优点和不足之处，并提出相应的改进建议。

在历史教学实践中运用案例教学法时，教师还需要重点关注三个问题：第一，确保案例的真实性。历史作为人类过往的真实记录，教学案例的选择必须基于真实的历史事实，确保历史信息的准确性，同时也能赋予案例更强的说服力和感染力。因此，高校教师在编写历史案例时，应广泛收集并严格筛选真实的历史素材，确保这些素材能够真实地反映历史事件的原貌，并采用合理的方式将其融入到课堂教学中，以提升教学的实际成效。第二，确保案例的针对性。教师需要明确，案例教学法是服务于高校历史课堂的教学需求的，即通过具体的案例来帮助学生深入理解并掌握历史知识。因此，教师在选择和编写教学案例时，应充分考虑高校历史课程的特点和学生的学习需求。第三，确保案例的时代性。历史是一个不断发展的过程，随着时间的推移和社会的变迁，人们对历史事件的评价和看法也会发生相应的变化。因此，在高校历史课堂中，教学案例也需要与时俱进，根据时代的进步和社会的变化进行适当调整。只有这样，才能更好地吸引学生的注意力，引导学生从历史的角度去关注和思考现实问题，从而培养其社会责任感和使命感。

　　以"南北战争"相关内容教学为例，南北战争在美国历史发展中具有重要作用。教师在选择案例时，首先，需要明确本节课的教学目标：学生应能概述南北战争的时间、地点、主要参战方以及战争的大致过程，形成对南北战争的整体认识；了解林肯在南北战争中的作用；分析美国南北双方在农业、工业、奴隶制等方面的差异，深入理解导致南北战争爆发的主要因素；探讨北方获胜的多种因素，并理解这场战争对美国历史进程的深远影响；通过对比南北双方的经济制度、军事力量等，学会运用比较分析的方法。在情感态度与价值观方面，学生通过学习本节课的内容，应认识到奴隶制终究会被推翻，而自由、平等是历史发展的必然趋势。同时，虽然内战结束了奴隶制，但种族歧视的问题并未得到根本解决，目前仍然存在。学生应认识到种族歧视的严重性和危害性，并思考如何消除种族歧视，促进社会和谐与进步。在教学重点方面，则主要聚焦于林肯在南北战争期间的关键作用及其深远影响。林肯一生的主要活动就是领导了南北战争，成功解放了长期受压迫的黑人奴隶，废除了奴隶制这一美国历史遗留问题。从更宏观的角度来看，林肯政府所采取的一系列措施，无疑是为美国资本主义发展道路扫清障碍的重要举措，更是为后来美国经济的迅速发展以及在全球中的领先地位奠定了坚实基础。在教学难点方面，则主要集中于南北战争的起因上。因此，在实施案例教学法时，教师可以将课前准备好的资料呈现给学生，如南北战争相关纪录片、影视作品、战争时期的新闻报道、林肯的演讲稿等，为学生提供一个全面的历史背景。指导学生仔细阅读教材及材料的内容，细致观察相关的历史图片和地图，培养学生从史料中获取有效信息的能力。其次，教师可以运用教师讲授与学生讨论相结合的方式，引导学生深入分析，组织学生进行小组讨论，分析美国内战的起因以及林肯制定决策背后的动机与考量，引导学生学会从多个角度思考问题，并培养其分析问题和解决问题的能力。考虑到独立战争后南北方因利益冲突而产生的深刻矛盾，教师可以利用图片、图表、地图等视觉材料，结合精心设置的问题链，引导学生逐步深入探究南北战争的根源。通过小组讨论、角色扮演等互动环节，学生可以更加直观地感受到当时社会的紧张氛围与各方力量的博弈，从而更加深刻地理解南北战争爆发的必然性。最后，教师需对本节课的内容进行系统归纳和总结，帮助学生深入理解林肯在南北战争中的关键作用以及南北战争对美国历史的深远影响，同时培养学生的批判性思维和归纳能力。

第四章 激发历史学习兴趣，提升学生的课堂参与度

第一节 挖掘历史事件趣味性，吸引学生眼球

在历史教学中，激发学生的学习兴趣是提升课堂参与度的关键。历史事件是历史教学的核心内容，蕴含着丰富的故事性、人物性和情感性，为教师提供了广阔的发挥空间。通过挖掘历史事件趣味性不仅能吸引学生的注意力，还能引导学生深入探究历史，培养历史思维能力和批判性思考能力。

一、运用生动的故事讲述赋予历史事件生命力

在历史长河中，有许多具有代表性和转折性的历史事件，如"秦始皇统一六国""赤壁之战""文艺复兴"等，其本身就具有强大的故事性和吸引力。所以，教师需要精心挑选历史时间，通过生动的讲述，让学生仿佛置身于历史现场，感受历史的震撼和魅力。在讲述历史故事时，教师需要注重细节描绘，通过具体的人物、场景和情节，让故事变得更加立体、生动。例如，在讲述"赤壁之战"时，教师可以描绘周瑜的智勇双全、诸葛亮的借东风、曹操的骄傲自满等，让学生在故事中感受到人物的性格特点和情节的跌宕起伏。此外，历史事件大多伴随着复杂的情感纠葛和人性光辉，所以教师在讲述的时候可以融入情感元素，如英雄气概、家国情怀、民族大义等，以此激发学生的情感共鸣，增强其对历史的认同感和归属感。

二、利用多媒体教学手段重现历史场景

教师可以选取与历史事件相关的纪录片、电影片段或动画等，通过视觉

和听觉的双重刺激，使学生身临其境感受历史，如在讲述"二战"时，教师可以播放《诺曼底登陆》纪录片片段，让学生直观感受战争的残酷和英雄的无畏。同时，随着现代科学技术的不断发展，虚拟现实技术在教学中应用越来越广泛。教师可以充分利用虚拟现实技术创建历史事件的虚拟场景，让学生佩戴 VR 设备，亲身体验历史事件，以此提高学生的学习兴趣和学习参与度。此外，教师还可以搜集与历史事件相关的图片和音频资料，如历史人物画像、历史事件现场照片、战争中的枪声、炮声等，通过多媒体设备展示给学生，增强其对历史的真实感和代入感。

三、设计互动环节让学生参与历史事件探讨

角色扮演活动是一种让学生亲身参与历史事件探讨的有效方式，教师可以设计历史事件角色扮演剧本，让学生扮演历史事件当中的关键人物，通过表演和对话深入体验历史事件的发展和影响。这一活动不仅可以激发学生的学习兴趣，而且能培养学生的团队协作能力和表达能力。教师还可以根据历史事件设计讨论或辩论话题，如"秦始皇的功过是非""文艺复兴对欧洲社会产生的影响"等，让学生分组进行讨论或辩论，帮助学生深入了解历史事件的不同观点和解释，培养其批判性思考能力和口头表达能力。此外，教师还可以设计、选取与历史事件相关的模拟游戏，让学生在游戏中扮演不同角色，通过决策和行动影响历史发展，以此激发学生的学习兴趣，让其在游戏中学习历史知识，培养历史思维能力和决策能力。

四、结合现实生活寻找历史与现代连接点

历史与现实之间存在千丝万缕的联系，教师可以通过对比历史和现实中的相似事件或者现象，引导学生思考历史对现实的影响和启示。例如，在讲述"鸦片战争"时，可以将其与当代的国际问题进行对比，让学生思考类似历史事件的现实意义。历史是民族精神的瑰宝，教师还可以通过挖掘历史事件中的文化元素，引导学生了解历史文化的传承和创新。例如，在讲述"唐诗宋词"时，可以引导学生欣赏诗词中的意境和美感，鼓励其尝试创作自己的诗词作品，将历史文化传承下去。此外，历史事件大多蕴含着深刻的现实启示，所以教师可以通过分析历史事件的原因、过程和结果，引导学生思考其中的经验教训和启示意义。例如，在讲述"辛亥革命"时，教师可以引导

学生思考革命的意义和影响，以及其对今天的启示。

五、创新教学方法，让历史事件更加贴近学生

历史事件大多涉及多个学科领域知识，教师可以通过跨学科整合教学将历史事件与语文、地理、政治等多学科相结合，形成跨学科学习主题，以此拓宽高校学生的知识面，让其从不同角度了解历史事件的全貌。项目式教学则是一种以学生为中心的教学方法，强调学生在真实情境中解决问题、完成任务。教师可以设计与历史事件相关的项目任务，如编写历史剧本、制作历史纪录片、设计历史主题海报等，让学生在完成项目过程中深入学习并探究历史事件。此外，翻转课堂是一种颠覆传统课堂的教学模式，强调学生在课前自主学习、课堂上进行讨论和互动。在高校历史教学中，教师可以利用翻转课堂模式让学生在课前通过视频、阅读材料等方式自主学习历史事件，课堂上则进行深入讨论和探究，以此提高学生的学习效率，培养其自主学习能力和批判性思考能力。

挖掘历史事件的趣味性是提升学生课堂参与度的重要途径，通过生动的故事讲述、多媒体教学手段、设计互动环节、结合现实生活以及应用创新教学方法等，教师能让历史事件变得更加生动有趣、贴近生活，不仅能激发学生的学习兴趣和好奇心，而且能培养其历史思维能力和批判性思考能力。所以，在高校历史教学中，教师需要注重挖掘历史事件的趣味性，让历史课堂成为学生喜爱的学习场所。同时，教师还需不断学习和探索新的教学方法和教学手段，以适应时代发展和学生需求。

第二节　历史与现实的联结，展现历史的现实意义

在高校历史课程教学过程中，需要聚焦如何激发学生的历史学习兴趣，提升其课堂参与度，而"历史与现实的联结"则能展现出历史的现实意义。高校历史课程作为培养学生人文素养、批判性思维和历史意识的重要载体，其教学策略革新非常重要，所以必须深入探讨如何通过历史与现实的紧密结合，使历史学习焕发新的生机，让学生在课堂中不仅成为历史知识的接受者，也需要成为主动探索者和思考者。

一、构建时代对话，建立历史与现代的桥梁

历史并不是孤立存在的，其如同一条绵延不绝的河流，滋养着每一个时代的土壤，在高校历史教学当中，教师首先需要认识到历史和现实之间存在的内在联系，通过构建时代对话让学生理解历史是如何塑造和影响当下的世界的。例如，在讲解古代政治制度的过程中，教师可以将其与当代的政治体制进行对比分析，探讨其异同及演变背后的社会动因。此种教学方式不仅能够让学生理解历史的本质，而且还能促使学生思考当前政治体制的合理性及存在的改进空间，增强学生对于现实世界的认知和理解。此外，利用历史事件作为现实问题的镜像，引导学生反思当下社会现象，也是构建时代对话的一种有效方式。例如，通过分析历史上的经济危机与当前全球经济形式之间存在的相似性，可以引导学生探讨经济周期、金融政策等复杂议题，培养学生的经济思维和全球视野。此种教学方式既能深化学生对历史知识的理解，还能激发学生对现实问题的思考和讨论，有效提升学生的课堂参与度。

二、塑造榜样力量，构建历史人物现代启示

历史人物是历史长河中最生动的一个元素，其生平事迹、思想智慧，不仅是对过往历史的记录，更是对现代社会的一种启示。在高校历史教学中，通过深入挖掘历史人物的现代价值能极大地激发学生的学习兴趣，引导其从中汲取正能量。

例如，在讲述科学家牛顿的故事时，教师不仅要介绍牛顿的科学成就，还需要强调其勤奋好学、勇于探索的精神以及牛顿在面对失败时坚持不懈的态度。此类故事不仅能让学生感受到科学的魅力，还能使学生在面对困难时养成积极向上的心态。

通过历史人物故事，教师可以引导学生思考个人价值和社会责任之间的关系，以及如何在现代社会中实现个人价值。此种教学方式不仅能丰富历史课堂内容，而且还能为学生提供宝贵的人生指南，帮助学生树立正确的世界观、人生观和价值观。

三、培养批判思维，展现历史实现现实映射

历史事件大多蕴含着比较复杂的历史背景、政治斗争与人性光辉。在高

校历史教学过程中，通过深入挖掘历史事件的现实映射可以培养学生的批判性思维，使其学会从多个角度审视问题，理解历史发展的多样性和复杂性。以"二战"为例，在讲解这一历史事件时，教师不仅需要讲述战争的残酷性和破坏性，而且需要引导学生着重分析战争爆发的根源、各国政府的决策失误、国际关系的演变等深层次因素。同时，通过对比不同国家在战争中的表现，可以引导学生思考国家责任、国际合作与和平的重要性。此种教学方式不仅能让学生深刻理解"二战"的历史意义，还能有效培养学生对现实国际问题关系的敏感性和批判性思维。此外，历史事件还可以作为教学案例，引导学生探讨现实社会中的类似问题。比如，通过分析历史上的种族歧视与当代多元文化共存挑战，可以引导学生思考如何促进社会的包容性和平等问题，以此拓宽学生的视野，培养其社会责任感和公民意识。

四、激发文化自信，推动历史文化现代传承

历史文化是民族精神的瑰宝，也是连接过去和未来的纽带。高校历史教学需要通过展示历史文化的现代传承来激发学生的文化自信，并增强其对中华优秀传统文化的认同感和自豪感。

例如，在讲述我国古代文学的过程中，教师可以结合现代影视作品、网络文学等现代传播方式展示古代文学对现代文化产生的影响和做出的贡献。通过对比古代文学作品和现代文学作品的异同，教师可以引导学生思考文化传承和创新之间的关系，以及如何在现代社会当中传承和发扬中华优秀传统文化，以此帮助学生深入了解和感受古代文学的魅力，并激发其对现代文化创新的热情。

同时，通过组织文化考察、历史遗址参观等活动能让学生亲身体验历史文化的厚重和深远。在实地考察过程中，学生可以近距离感受历史遗迹的沧桑和魅力，了解历史文化的传承和发展。历史课堂不断丰富的教学形式和教学内容，使学生在实践中深化对历史文化的理解和感悟。

五、创新教学方法，促进历史与现实的融合

为了更有效地展现历史的现实意义，高校历史教学还需要不断创新教学方法，以适应时代发展需要。例如，利用多媒体技术、虚拟现实技术等现代科技手段为学生打造一个沉浸式历史课堂，学生在虚拟环境中亲身体验历史

事件的发生和发展，以此增强历史课堂的趣味性和互动性，使学生能更加直观地了解历史的真实面貌。

此外，通过组织历史辩论赛、历史剧表演等活动可以让学生在参与中深化对历史知识的理解和运用，以此锻炼学生的口才和表演能力，培养其团队合作精神和创新能力。同时，教师还需要鼓励学生参与历史研究项目、撰写历史论文等实践活动，进一步提升学生的历史素养和研究能力。

通过历史与现实的联结展现历史的现实意义是提高高校历史教学效果的重要途径。通过构建时代对话、挖掘历史人物的现代价值、分析历史事件的现实映射、展现历史文化的现代传承以及创新教学方法，教师可以激发学生的学习兴趣，让其在课堂中不仅能够学到历史知识，而且还能学会用历史的眼光审视现实问题，成为具有深厚人文素养和批判性思维的优秀人才。

第三节　历史讲座与展览，丰富校园文化氛围

一、开展历史讲座

在高校历史课程教学中，历史讲座作为一种重要的辅助教学形式，不仅能丰富校园文化活动，还能有效提高学生的历史学习兴趣和课堂参与度。为保证讲座质量和效果，教师必须从讲座内容精选、策划入手，结合学生学习兴趣与历史教学需求打造一系列高质量、有深度的历史讲座。

在选择内容时，需要充分考虑学生的学习兴趣和历史教学需求，通过问卷调查、课堂讨论等形式了解学生对历史事件的关注点、兴趣点及其在学习历史过程中遇到的难点和困惑。同时，结合历史教学大纲和课程目标选择既能满足教学需求，又能激发学生学习兴趣的主题。例如，针对学生对古代战争的兴趣，可以策划一场关于"古代战争中的智慧与策略"讲座，既能满足学生对于战争历史的兴趣，又能引导学生深入思考战争背后的历史背景和文化内涵。

讲座的权威性和前沿性是吸引学生的重要因素，所以在策划讲座时需要邀请在历史学领域具有深厚造诣的知名学者和专家作为主讲人，其不仅能为学生提供准确、权威的历史知识，还能分享最新的研究成果和学术动态，使学生能接触到历史学最前沿。同时，知名学者参与也能提升学生的学术素养

和批判性思维能力，为其未来学术道路奠定坚实的基础。

历史是一个包罗万象的学科，其包括政治、经济、文化、社会等方面，所以在策划讲座时需要注重主题的多样性，其包括不同历史时期和领域。例如，可以策划关于"中国古代政治制度演变""近代中国的经济变革""世界历史上的文化交流与融合"等主题讲座，使学生能够了解历史全貌，拓宽历史视野。

为了增强讲座的吸引力，教师还应不断创新讲座形式，引入互动环节。例如，可以采用线上线下结合的方式，利用网络平台进行直播或录播，扩大讲座的受众范围。同时，在现场讲座中可以设置提问环节，鼓励学生就讲座内容提出自己的问题和见解，还可以组织小组讨论，让学生围绕某个主题进行深入探讨和交流。此外，还可以利用多媒体手段，如视频、图片等，丰富讲座的表现形式，使讲座更加生动、有趣。

为保证讲座质量和效果，高校教师还需要建立科学的评估机制，及时收集学生的反馈意见，通过调查问卷、小组讨论等方式了解学生对于讲座内容的满意度、对主讲人的评价及其在讲座中的收获和感悟。教师还需要分析讲座对于学生学习兴趣和课堂参与度产生的影响，根据反馈结果调整讲座的内容和形式，持续优化教学策略。例如，如果发现学生对于某个主题的讲座特别感兴趣且参与度较高，可以进一步挖掘该主题的相关内容，策划更多相关讲座；如果发现学生对某个讲座形式不太满意，可以尝试引入新的互动环节或采用多媒体手段改进讲座形式。

二、进行历史展览

历史展览是高校历史课程中一种直观、生动的教学方式，不仅能丰富校园文化氛围，还能有效提升学生的历史学习兴趣和认知水平。为保证展览质量和效果，教师必须从展览内容和布展策略入手，精选历史文物与史料，明确展览主题，注重布展设计的艺术性、科学性，精心组织展览活动，通过评估展览效果深化教学效果。

历史展览核心在于展示内容，为保证展览具有学术性和观赏性，教师必须精选具有历史价值、学术意义且观赏性强的历史文物和史料，其可以是来自博物馆、档案馆的珍贵藏品，也可以是学校自身收藏的历史资料。通过精心挑选和组合，可以使展览内容既能反映历史的真实面貌，又能吸引观众，并激发其学习兴趣。

展览主题选择可以直接影响到展览是否成功，所以策划展览时必须明确一个具有深度和历史意义的主题，并围绕该主题进行深度挖掘和展示。例如，可以选择"中国古代科技文明""近代中国社会变革"等主题，通过展示相关文物和史料，引导学生深入思考历史事件背后的原因、过程和影响。展览过程中还可以设置一系列思考题或讨论题，鼓励学生积极参与讨论和交流，培养学生的批判性思维和创新能力。

布展设计是展览成功的重要因素，布展时需要注重设计的艺术性和科学性。其中：艺术性主要体现在展览视觉效果方面，如色彩搭配、灯光设计、布局安排等，需要使观众在观赏过程中感受到美的享受；科学性则体现在展览内容的准确性和逻辑性方面，需要保证展示内容符合历史事实，逻辑清晰、条理分明。通过艺术性与科学性结合可以有效提升观众的观赏体验，使其更好地理解和接受展览内容。

为丰富展览内涵，教师可以举办一系列与展览相关的活动。例如，在展览开幕时举行隆重的开幕式，邀请专家学者发表演讲；举办学术讲座，邀请历史学家或相关领域专家进行专题讲座；组织导览活动，由专业讲解员带领观众参观展览，并解答疑惑。在展览宣传和推广方面，应充分利用社交媒体、校园广播等渠道进行广泛宣传，通过发布展览信息、精彩瞬间、观众评价等内容吸引更多人关注和参与。同时，还可以与校内外媒体合作进行专题报道和采访，进一步提升展览的知名度和影响力。

此外，为培养学生的实践能力和团队合作精神，教师可以鼓励学生积极参与展览策划、布展与讲解工作，帮助学生深入了解展览内容和布展流程，锻炼其组织协调能力和语言表达能力，并充分激发学生的学习兴趣和积极性，从而提高学习效果。

三、历史讲座与展览的融合、创新

历史讲座和历史展览是历史教学的两种重要手段，各自具有独特的魅力和价值。但是，当其被巧妙融合技术创新时，却能产生更为深远的教学影响，提升历史教学效果，丰富校园文化氛围。讲座与展览在历史教学中具有互补性，其中讲座具有深厚的学术底蕴和严谨的逻辑思维，可以为展览提供学术背景。通过讲座，学生能了解历史事件背后的深层次原因、影响及意义，从而更全面地理解展览中的文物和史料。讲座中的专家解读和学术争鸣则可以为学生提供宝贵的思考空间和交流机会。展览则具有直观性、生动性、互动性特点，可以为讲座提供丰富的直观素材和生动案例。学生在参观展览时可以亲眼看见历史文物的真实面貌，感受历史的厚重和魅力。在展览互动环节，如导览、问答、体验等，可以有效激发学生的学习兴趣和探索欲望，帮助学生在讲座中更好地理解和吸收学术知识，形成更加深刻的历史认知。所以，讲座与展览之间的互补性使其能够相辅相成，共同提升历史教学效果。在教学过程中，教师需要充分利用这一互补性，将讲座与展览紧密结合，形成一套完整的教学体系。例如，在举办展览时，教师可以同步安排相关讲座，为学生提供学术背景和深度解读，在讲座中适当引入展览的文物和史料，作为案例进行分析和讨论。

历史讲座与展览融合，创新不仅仅局限于历史学科内部，还可以与其他学科相结合，如文学、艺术、社会学等，采用跨学科整合与综合实践教学方式，帮助学生拓宽学术视野、培养综合素养。例如，在举办关于"中国古代艺术"展览时，可以邀请文学、艺术、社会学等领域的专家学者开展讲座，从多个角度解读中国古代艺术的魅力价值。同时，组织学生进行跨学科研究和实践，如撰写古代艺术作品的文学评论、进行艺术创作或社会调查等，使学生更加深入理解历史知识，培养其批判性思维、创新能力和团队协作能力。此外，教师还可以举办跨学科研讨会、工作坊等活动，为学生提供学术交流与合作平台。在活动中，学生可以与其他学科的专家学者、同学进行面对面交流与讨论，分享研究成果和心得体会。

第四节　历史影视作品在历史教学中的应用

一、课堂导入与情境设置

在高校历史教学过程中，激发学生学习兴趣，提升其课堂参与度，是教师一直探索的课题。在历史课堂中合理应用影视作品的目的是在学生已有知识经验的基础上，让学生在进一步的情境体验中去思考、去领会、去感悟，进而在更加积极、主动的情景体验中理解和掌握知识。课堂导入是教学活动的起始环节，如同乐章序曲，可以为整节课堂定下基调。历史影视作品片段以直观、生动、形象等特点，迅速吸引学生的注意力，激发其学习兴趣。在选择影视片段时，教师需要注重真实性和艺术性。真实性是历史教学的生命线，而艺术性则能提升作品的观赏性和感染力。例如，在讲述"甲午中日战争"时，可以选择《甲午风云》等片段。其基于历史事实改编，既保留了历史真实性，又通过艺术加工增强了观赏性。

课堂导入过程中，教师可以采用常见的"悬念导入"方式，即利用影视作品中的关键情节或转折点设置悬念，引发学生的好奇心和求知欲。例如，讲述"太平天国运动"时，可以先播放一段《太平天国》主题曲，并剪辑一段影视资料，以此展示太平天国运动的浩大声势，随后提问"现实中的太平天国运动究竟是怎么样的呢？"以此激发学生的探索欲望。此外，"情境导入"即利用影视作品片段创设一个与教学内容相关的历史情境，让学生仿佛置身于当时的时代，感受历史的脉搏。例如，讲述"罗斯福新政"时，在课堂中播放一段关于罗斯福总统实施新政的影视片段，通过罗斯福总统的演讲和行动让学生感受到新政的紧迫性和必要性，进而进入学习状态。

历史影视作品不仅可用于课堂导入，还能在整个教学过程中创设历史情境，引导学生深入理解和体验历史。创设历史情境关键在于"身临其境"，教师可以利用影视作品当中的场景、人物和情节构建一个逼真的历史环境，让学生在其中感受历史、思考历史。例如，在讲述"二战"时可以播放相关纪录片或电影片段，如《拯救大兵瑞恩》《辛德勒的名单》等，通过真实的战争场景和人物命运，让学生深刻体会到战争的残酷和人性的光辉。

二、辅助教学与深度解析

应用历史题材影视作品辅助教学的主要目的是激发学生的学习兴趣，弥补教材不足，补充材料，以助于突出重点，化解教学难点。影视作品大多通过丰富的情节和生动的画面将历史事件和人物栩栩如生地呈现出来，教师可以充分利用这一特点，将影视作品作为历史知识点的讲解辅助工具。例如，在讲述"鸦片战争"时，教师播放《鸦片战争》等影片相关片段，通过影片中的战争场景、人物对话和情节发展，直观地向学生展示鸦片战争的起因、经过和结果，加深学生对历史知识点的理解和记忆。同时，影视作品还能帮助教师揭示历史事件背后的深层次原因和影响。通过影片中的细节描写和人物塑造，学生可以更加深入地了解历史人物的动机、决策过程以及历史事件对社会、政治、经济等方面产生的影响，培养学生的历史思维能力和批判性思考能力。

虽然影视作品在呈现历史方面具有独特的优势，但并不是所有的内容都完全符合历史事实的。所以，教师在利用影视作品进行辅助教学的同时还需要引导学生深入解析影视作品中的历史细节，组织学生进行小组讨论或者课堂辩论，就影视作品当中的历史细节进行探讨和辨析。例如，在播放《康熙王朝》影片后，教师引导学生就影片中的历史事件、人物性格和决策过程进行分析和评价，通过讨论和辨析帮助学生更加清晰地认识到影视作品与历史事实之间的差异，指导其客观看待和评价历史。此外，教师鼓励学生通过查阅历史文献、观看相关纪录片等方式进一步了解历史事件和人物的真实情况，通过对比和分析帮助学生更深入地了解历史知识点，提升历史素养和批判性思考能力。

三、讨论与反思

学生对历史的概念源于对历史事件的感性认识，主要途径是来自于教学中所接受的形象知识材料。影视作品主要以艺术化手法呈现历史，其中不乏对历史事件和人物的再创作与解读，教师可以借此机会组织学生就影视作品中的历史问题进行深入探讨。例如，在观看《大明王朝1566》后，教师可以引导学生就明朝的政治体制、社会风貌以及人物性格等问题展开讨论，以此激发学生的思维活力，使其在交流中碰撞火花。在讨论过程中，教师鼓励学生积极发言，提出自己的见解和疑问，并对其进行适当引导，保证讨论的方向和内容符合教学目标。通过讨论，学生可以更加全面地了解历史事件和人物，学会从不同角度审视历史。

影视作品是历史传播的媒介，呈现方式、价值观念及艺术手法等均会对历史产生一定的影响，教师必须引导学生反思影视作品对历史产生的影响，并思考其中存在的启示。其一，教师可以引导学生分析影视作品如何塑造历史人物形象及其对观众认知历史产生的影响。以《康熙王朝》为例，康熙皇帝被塑造成一个英明果断、深谋远虑的君主形象，在一定程度上影响了观众对清朝历史的认知。所以，教师可以引导学生认识此种塑造方式的局限性，鼓励学生学会独立思考。其二，教师还可以引导学生思考影视作品对历史事件的解读方式以及背后的价值观念。以《亮剑》为例，主人公李云龙所展现的英雄主义精神和对胜利的执着追求反映了特定历史时期的社会价值观念。所以，教师应引导学生思考这一价值观念对当代社会产生的影响和存在的启示，培养学生的历史责任感和人文素养。

四、作业与拓展学习

历史题材影视作品应用于历史教学是对后者实践的成功探索，其中作业与拓展学习是两个重要环节，其不仅能够巩固学生在课堂上的学习成果，还能进一步激发学生的学习兴趣，拓宽历史视野。

为加深学生对影视作品的理解和对历史知识点的掌握情况，教师可以布置一系列与影视作品相关的作业，包括观后感、影评等，引导学生深入思考影视作品中的历史问题以及影视作品对历史呈现产生的影响。观后感要求学生在观看影视作品后，结合所学历史知识写下自己的感受和看法，不仅能锻炼写作能力，还能让学生通过文字表达自己对历史的见解。影评作业则更加注重对影视作品的艺术分析和历史理解度，教师可以引导学生从情节设计、人物塑造、视觉效果等方面入手，全面评价影视作品。

除课堂上推荐影视作品外，教师还可以鼓励学生自主寻找并观看与课程内容相关的其他影视作品，这不仅能拓宽学生的历史视野，还能让其在实践中学会正确筛选和鉴别历史影视作品。为有效激发学生的自主学习兴趣，教师可以为学生提供影视作品推荐清单，或引导其利用网络资源进行搜索，并适当组织开展影视作品分享会、讨论会等，让学生分享观看的影视作品和心得，促进彼此之间的交流与学习。

通过作业与拓展学习两个环节，教师不仅能帮助学生巩固课堂学习成果，还能进一步激发学生的学习兴趣和探究欲望，同时也为学生提供了一个可以展示才华和观点的平台，让其在交流中不断成长、进步。

第五节　鼓励学生参与历史研究，培养学术热情

一、课程设计与整合

课程整合是现代课程改革的根本问题之一，更是我国当前正在实验中的基础教育课程改革方案的重点内容之一。高校历史课程教学需要鼓励学生参

与历史研究、培养学生的学术热情，以此提升教学质量、增强学生综合素质。将历史研究融入课程体系是提升学生研究能力的基础，教师可以在历史课程中增加研究性学习内容，如设置专门的研究课程、模块等，让学生在课程学习中接触到历史研究的基本方法、步骤和技巧。同时，教师还可以通过邀请历史学者或研究人员到校开展讲座，分享其研究经验和成果，不断拓宽学生的学术视野，激发研究兴趣。

设计研究导向型学习任务是鼓励学生参与研究历史、培养学术热情的关键，教师可以结合课程内容设计一系列具有挑战性、趣味性和实践性的研究任务，如历史事件案例分析、历史人物专题研究、历史文献解读与翻译等，其具有一定的开放性和灵活性，允许学生根据自己的兴趣和能力进行选择，进而培养学生的自主学习能力和创新思维。

实施研究导向型学习任务时，教师还需要注重学生的过程性评价和反馈，通过定期检查学生的研究进展为其提供必要的指导和支持，帮助学生克服研究中遇到的困难和挑战。同时，教师还可以通过组织研究成果展示会或研讨会等活动，让学生有机会展示自己的研究成果，增强自信心和成就感。

二、研究方法与技能培训

在历史课程教学过程中，鼓励学生参与历史研究不仅能激发学生的学术热情，还能全面提升其研究能力和历史素养。为此，教师需要注重研究方法与技能培训，为学生提供系统的指导和培训，特别是强化学生的历史文献检索与分析能力，教师需要为学生提供全面的研究方法指导。历史研究并不是简单的资料堆砌，而是需要具有严谨的方法论支撑。所以，教师应在课程中系统介绍历史研究的基本方法，如文献研究法、口述史法、计量史学法等，并通过案例分析让学生理解上述方法在实际研究中的应用。同时，教师还应鼓励学生尝试运用多种方法进行综合研究，以培养学生的跨学科思维和创新精神。

历史文献是历史研究的基础，而文献检索和分析能力则是学生进行历史研究的关键技能。为有效提升学生的文献检索和分析能力，教师需要开设专门的文献检索课程，教授学生如何正确使用图书馆资源、在线数据库等工具高效查找和获取相关历史文献。同时，教师还需要通过课堂讨论、作业练习等方式强化学生对历史文献的分析能力，使其学会从文献中提炼出有价值的信息，为历史研究提供有力的证据支持。

三、研究资源获取支持

在历史课程教学过程中，教师需要鼓励学生参与历史研究，培养学术热情，有效利用丰富的研究资源。其中，图书馆与在线资源合理利用及导师与研究团队悉心指导和支持都非常重要。

图书馆是知识宝库，可以为学生提供海量的历史文献资源。为保证学生能充分利用图书馆中的资源，高校需要加强对图书馆资源的宣传和推荐，定期举办资源利用培训，如文献检索技巧讲座、电子资源使用指南等，提升学生的资源获取能力。同时，教师还需要引导学生关注国内外知名的历史学期刊、数据库及在线平台，如中国知网、万方数据、JSTOR 等，以便学生能及时获取最新的研究成果和学术动态。

在历史研究过程中，导师与研究团队的指导与支持是学生取得研究成果的重要保障。高校应建立导师制，为每位学生配备具有丰富研究经验和深厚学术造诣的导师，为学生提供个性化研究指导。此外，高校还应鼓励导师组建跨学科研究团队，吸纳不同专业的学生参与到团队中，通过团队合作与交流拓宽学生的学术视野，提升其研究能力。在研究过程中，导师与研究团队定期举行研讨会，对学生的研究进展进行评估与反馈，及时解决学生在研究中遇到的问题，为其学术成长提供坚实的支撑。

四、研究项目实施管理

历史课程教学中，要想有效鼓励学生参与历史研究，培养其学术热情，必须对研究项目进行有效实施和管理，其中确立研究课题、制定研究计划、监督研究进度、提供研究反馈则是保证研究项目顺利进行必不可少的关键环节。

确立研究课题是研究的起点，也是培养学生学术兴趣和创新思维的重要环节。高校需要引导学生从个人兴趣、学科前沿、社会热点等方面出发，选择具有研究价值和现实意义的历史课题。确定课题后，学生需要在导师的指导下制订详细的研究计划，包括研究目的、研究内容、研究方法、研究步骤、预期成果等，保证研究的系统性和科学性。

为保证研究项目顺利实施，教师需要对研究进度进行有效监控。高校应建立定期的研究进度报告制度，要求学生定期向导师和研究团队汇报研究进展，包括已完成的工作、遇到的问题、下一步工作计划等。导师和研究团队应根据学生的汇报为其提供及时反馈和指导，帮助学生解决研究中遇到的问题，调整研究计划，保证研究项目能够顺利进行。同时，教师还应鼓励学生之间进行交流与合作，通过团队协作共同攻克研究难题，提升研究质量，以此进一步激发学生的学术热情，培养其成为具有深厚学术底蕴和创新能力的高素质历史人才。

五、研究成果展示评估

成果评估的第一目的是明确项目目标，使项目实施与预期目标保持一致。通过对项目成果进行评估，可以发现项目在实现目标过程中存在的优缺点，为后续项目提供改进方向，且成果评估有助于提高项目质量，通过对项目成果的评估可以及时发现其中存在的问题和不足，及时采取相应措施进行改进，提高项目的整体质量。

研究成果展示活动是学生将成果转化为学术表达的重要平台，高校应定期举办历史研究成果展示会、学术研讨会等活动，为学生提供展示研究成果的舞台。在展示活动中，学生需要将研究成果以报告、论文、海报、多媒体等多种形式呈现，以此锻炼学生的学术表达能力，促进学生之间的交流与合作。同时，校方还需要邀请校内外专家、学者等对学生的研究成果进行点评与指导，帮助学生进一步了解自身研究存在的不足，明确改进方向，提升研究质量。

评估体系是检验研究成果质量的关键。高校应建立多元化评估体系，从多个维度对学生的研究成果进行评价，评估指标包括研究成果创新性、学术价值、实用性、规范性等，保证评价具有全面性、客观性。同时，高校还应注重过程性评价，重点关注学生在研究过程中的学习态度、研究方法、团队协作等表现，全面反映学生的学术成长。在评估过程中，教师应鼓励学生进行自我评估与同伴评估，通过反思与交流不断提升自身的学术素养，从而进一步激发学生的学术热情。

第五章 促进自主学习，优化历史教学路径

第一节 问题导向学习任务，引导学生主动探索

在历史教学中，促进学生自主学习是提升教学效果和学生兴趣的重要手段。传统的历史教学往往侧重于知识的灌输和记忆，而忽略了学生自主探索和问题解决能力的培养。为了优化历史教学路径，问题导向学习任务（Problem-Based Learning, PBL）成为一种有效的教学策略。PBL通过设计具有挑战性和情境性的问题，引导学生在探索中主动建构知识，提升其历史思维能力和问题解决能力。

一、问题导向学习任务的内涵与特点

问题导向学习任务是一种以学生为中心的教学模式，其核心在于通过真实、复杂的问题来引导学生主动探究知识、解决问题。这种模式强调学生在问题解决过程中的主体地位，鼓励学生在合作和讨论中学习和应用知识。问题导向学习任务具有以下四个显著特点：

（一）情境性

PBL通常基于真实的历史情境，将学生置于特定的历史背景中，使其能身临其境地感受历史，从而激发其学习兴趣和探究欲望。

（二）开放性

PBL的问题通常没有固定的答案，鼓励学生进行多角度、多层次的思考，培养其批判性思维和创新能力。

（三）合作性

PBL强调团队合作，学生在小组中共同解决问题，通过交流和协作，共享知识和资源，提升合作能力和社交技能。

（四）过程性

PBL 注重学习过程，而非仅仅关注学习结果。学生在解决问题的过程中，通过不断反思和调整自己的学习策略，可以实现自我监控和自我管理。

二、历史教学中的问题导向学习任务设计

在历史教学中设计问题导向学习任务，需要遵循一定的原则和方法，以确保任务的有效性和可行性。以下是问题导向学习任务设计的一些关键步骤和原则：

（一）确定教学目标

明确教学目标是设计问题导向学习任务的前提。历史教学目标通常包括知识掌握、技能提升和情感态度价值观的培养。在设计学习任务时，教师应确保这些目标能够融入问题中，使学生在解决问题的过程中达到学习目标。

（二）选择问题主题

问题主题应与历史课程内容密切相关，且具有一定的挑战性和趣味性。例如，可以围绕历史事件、人物、制度等方面设计问题。选择的主题应具有时代感，能引起学生的兴趣，同时又要具有一定的深度，从而激发学生的探究欲望。

（三）设计问题链

问题链是由一系列相关问题组成的，旨在引导学生逐步深入探究问题。在设计问题链时，应遵循由易到难、由浅入深的原则，确保问题之间的逻辑性和连贯性。通过问题链的引导，学生可以逐步构建起对历史事件或现象的全面认识。

（四）提供学习资源

为了支持学生的自主学习，教师应提供丰富的学习资源，包括历史文献、图片、视频、网络资料等。这些资源应有助于学生理解问题背景、分析问题原因、探索解决方案。同时，教师还应鼓励学生自主寻找和筛选资源，培养其信息获取和处理的能力。

（五）制定评价标准

评价标准是衡量学生学习成果的重要依据。在设计评价标准时，应关注学生在问题解决过程中的表现，包括知识应用、技能提升、情感态度价值观

等方面。通过制定明确、具体的评价标准，可以引导学生朝着正确的方向发展，同时也有助于教师对学生的学习成果进行客观、公正的评价。

三、问题导向学习任务在历史教学中的实施

在设计问题导向学习任务时，教师可以按照以下五个步骤，确保任务的有效实施。

（一）创设情境

通过创设与问题相关的情境，激发学生的学习兴趣和探究欲望。例如，可以模拟历史场景、播放历史纪录片等方式来创设情境，使学生身临其境地感受历史氛围，从而更深入地理解问题。

（二）分组合作

教师可以将学生分成若干小组，每组负责解决一个问题或问题链中的一个环节。通过小组合作，学生可以相互借鉴、共同探讨，提高问题解决效率和质量。同时，小组合作也有助于培养学生的团队协作能力和沟通能力。

（三）引导探究

在问题解决过程中，教师应发挥引导作用，鼓励学生自主探究、发现问题、提出假设、验证假设。教师可以通过提问、引导讨论等方式来激发学生的思维活动，帮助学生逐步加强对问题的全面认识。同时，教师还应及时给予反馈和指导，确保学生在正确的方向上前进。

（四）展示成果

教师应积极鼓励学生将问题解决过程和成果进行展示和交流。通过展示成果，学生可以相互学习、借鉴经验，同时也可以锻炼自己的表达能力和增强自信心。在展示过程中，教师应给予积极的评价和反馈，鼓励学生继续努力。

（五）反思总结

问题解决后，教师应引导学生进行反思总结，回顾问题的解决过程、分析得失、提炼经验教训。通过反思总结，学生可以加深对问题的理解，提升问题解决能力，同时也为今后的学习提供借鉴和参考。

四、案例分析：以"'二战'中的珍珠港事件"为例

以下是一个以"'二战'中的珍珠港事件"为例的问题引导学习任务设

计案例：

（1）确定教学目标。掌握珍珠港事件的基本事实、原因和影响；培养分析历史事件原因、过程和结果的能力；形成对战争与和平的深刻认识。

（2）选择问题主题。为什么日本会选择在珍珠港发动袭击？珍珠港事件对"二战"进程产生了哪些影响？

（3）设计问题链。

1）珍珠港事件发生的背景是什么？

2）日本在发动袭击前进行了哪些准备？

3）珍珠港事件对美国和太平洋战争产生了哪些影响？

4）珍珠港事件对"二战"全局产生了哪些影响？

（4）提供学习资源。提供历史文献、图片、视频等资源，包括珍珠港事件的新闻报道、历史书籍、纪录片等。

（5）制定评价标准。关注学生在问题解决过程中的表现，包括知识掌握情况、分析问题的能力、团队协作能力和情感态度价值观等方面。

在实施过程中，教师可以首先通过播放珍珠港事件的纪录片来创设情境，其次引导学生分组合作，自主探究问题链中的各个环节。通过提问、引导讨论等方式来激发学生的思考，帮助其逐步构建起对珍珠港事件的全面认识。最后鼓励学生将问题解决过程和成果进行展示和交流，并进行反思总结。

总而言之，问题导向学习任务是一种有效的教学策略，能激发学生的自主学习兴趣和探究欲望，培养其历史思维能力和问题解决能力。通过设计具有挑战性、趣味性和真实性的问题，引导学生主动探究历史知识和解决问题，可以培养学生的批判性思维能力和自主学习能力。同时，通过小组合作、展示成果和反思总结等环节，还可以提升学生的团队协作能力和表达能力。教师应密切关注学生的探究过程，及时给予指导和帮助，促进其自主学习和合作学习能力的提升。通过问题导向学习任务的实施，可以促进学生自主学习，优化历史教学路径，提升历史教学的质量和效果。

第二节　提供多元学习资源，支持个性化学习需求

自主学习强调学生的主体性和主动性，而多元学习资源则是实现这一目

标的重要基础。历史学科具有内容丰富、时间跨度大等特点，这为提供多元学习资源提供了天然的优势。提供多元化的学习资源，可以满足不同学生的学习风格、兴趣和能力水平，支持学生的个性化学习需求，进而促进其全面发展。

一、多元化学习资源的重要性

随着信息技术的迅猛发展，学生的学习方式和兴趣点日益多样化。传统的历史教学资源，如教科书、课堂讲解和黑板板书，已经难以满足所有学生的学习需求。因此，提供多样化的学习材料，不仅有助于激发学生的学习兴趣，还能帮助学生从多个角度和多个层次深入理解历史。

（一）满足学生的个性化需求

每个学生都有自己独特的学习方式和兴趣点。提供多元学习资源，如电子教材、视频资料、历史小说、历史纪录片等，能满足不同学生的学习需求，激发其学习兴趣。例如，对于喜欢阅读的学生，可以提供丰富的历史书籍和文献；对于喜欢观看视频的学生，可以提供历史纪录片和讲解视频；对于喜欢实践的学生，可以设计历史模拟活动和角色扮演等。

（二）促进深度学习

多元学习资源能提供丰富的信息和多样的学习方式，有助于学生进行深度学习。通过对比不同来源的信息，学生可以更全面地理解历史事件和人物，形成自己的观点和判断。同时，多样的学习方式也能促进学生的思维发展和创新能力的提升。

（三）培养自主学习能力

提供多元学习资源，鼓励学生自主选择和利用这些资源进行学习，有助于培养学生的自主学习能力。学生在选择资源的过程中，需要思考自己的学习目标和需求，这能锻炼其自我监控和自我调节的能力。同时，利用资源进行学习的过程也是学生学会如何学习、如何获取信息、如何分析和解决问题的过程。

如前所述，多元化学习资源能为学生提供丰富的信息来源，使学生根据自己的兴趣和能力选择适合的学习材料，这些资源包括文字材料、图像资料、视频音频、互动软件和在线课程等。通过整合这些资源，教师可以构建一个立体化的历史学习生态系统，使学生在不同的学习场景中找到适合自己的学习方式。

二、提供多元化学习资源的策略

（一）开发利用数字化学习资源

随着信息技术的快速发展，数字化学习资源已经成为历史教学的重要组成部分。教师可以利用网络平台和工具，开发电子教材、在线课程、互动课件等数字化学习资源。这些资源具有信息量大、更新快、交互性强等特点，能满足学生随时随地进行学习的需求。同时，数字化学习资源还可以提供丰富的多媒体素材，如图片、视频、音频等，使历史学习更加生动有趣。

例如，教师可以指导学生利用在线历史数据库，如"中国历史文献总库""欧洲历史在线"等，这些数据库提供了大量原始文献、历史图片、地图等资源，学生可以根据自己的研究兴趣和主题，进行深入的探索和学习。

（二）利用信息技术整合学习资源

信息技术的发展为历史教学提供了前所未有的便利。教师可以利用网络平台和数字化工具，整合来自世界各地的历史资源，包括博物馆的藏品、历史遗址的图片和视频、学者的研究成果等。这些资源不仅丰富了教学内容，还为学生提供了更加直观和生动的学习体验。

例如，教师可以利用虚拟现实技术，使学生"身临其境"地参观历史遗址，感受历史的厚重和真实。通过这种沉浸式的学习方式，学生可以更加深入地理解历史事件和人物，增强学习的趣味性和有效性。

（三）开发个性化学习路径

每个学生都有自己独特的学习节奏和方式。教师应根据学生的实际情况，为学生设计个性化的学习路径，其包括确定学习目标、选择学习内容、安排学习时间和进度等。通过个性化的学习路径，学生可以更加高效地实现自主学习目标。

例如，对于喜欢阅读的学生，教师可以推荐一些与历史相关的书籍和文章；对于喜欢观看视频的学生，教师可以提供一些优质的历史纪录片和讲座视频；对于喜欢动手操作的学生，教师可以设计一些历史主题的实践项目，如制作历史模型、编写历史剧本等。

（四）鼓励学生参与学习资源创作

学生不仅是学习的接受者，也是学习资源的创作者。教师可以鼓励学生根据自己的兴趣和特长，创作一些与历史相关的作品，如历史小故事、历史漫画、历史微电影等。这些作品不仅可以作为学生的学习成果展示，还可以作为其他同学的学习资源。

通过参与学习资源创作，学生可以更加深入地理解历史，同时培养自己的创新思维和实践能力。此外，这种创作过程还能增强学生的自信心和成就感，进一步提升学生的学习动力。

（五）建立学习资源共享平台

为了充分利用多元化学习资源，教师可以建立一个学习资源共享平台。这个平台可以是一个在线论坛、一个社交媒体群组或一个云存储平台。在这个平台上，学生可以分享自己的学习资源和心得体会，与其他同学进行交流和讨论。

通过共享学习资源，学生可以拓宽自己的视野，了解不同的学习方法和思考方式。同时，这种共享行为还能培养学生的合作精神和团队意识，为学生的未来发展打下坚实的基础。

三、多元化学习资源在教学中的应用案例

（一）利用数字化博物馆资源

数字化博物馆是现代历史教学的重要资源之一。教师可以利用数字化博物馆的藏品和展览，为学生提供一个虚拟的历史学习空间。在这个空间中，学生可以浏览各种历史文物和艺术品，了解它们的历史背景和文化内涵。

例如，在学习中国古代史时，教师可以引导学生浏览数字化故宫博物院的藏品和展览。通过观赏故宫的文物和建筑，学生可以更加直观地了解中国古代宫廷文化和政治制度。另外，教师还可以利用数字化博物馆的互动功能，让学生参与一些虚拟的历史活动，如制作古代服饰、模拟古代宫廷礼仪等。

（二）引入历史纪录片和讲座视频

历史纪录片和讲座视频是另一种重要的多元化学习资源。这些资源通常具有高质量的制作水平和丰富的信息内容，能为学生提供生动、直观的历史学习体验。

例如，在学习"二战"历史时，教师可以为学生推荐一些经典的"二战"纪录片，如《二战全史》《珍珠港》等。通过观看这些纪录片，学生可以更加深入地了解"二战"的历史背景和战争过程。另外，教师还可以为学生推荐一些历史讲座视频，如知名历史学家的公开课、历史专题研讨会等。

这些讲座视频通常涵盖了更深层次的历史思考和学术探讨，有助于提升学生的历史素养和批判性思维能力。

（三）开展历史主题实践活动

历史主题实践活动是多元化学习资源的重要组成部分。通过参与实践活动，学生可以将所学知识应用于实际情境中，从而加深对历史的理解和记忆。

例如，在学习中国近现代史时，教师可以组织学生参观一些历史遗址和纪念馆，如侵华日军南京大屠杀遇难同胞纪念馆、中国人民抗日战争纪念馆等。通过实地参观和听取讲解员的介绍，学生可以更加直观地了解中国近现代史上的重要事件和人物。此外，教师还可以引导学生参与一些历史主题的实践项目，如制作历史主题海报、编写历史剧本并表演等。这些实践活动不仅能提升学生的历史素养和实践能力，还能培养学生们的团队合作精神和创新意识。

（四）利用社交媒体进行历史学习

社交媒体是现代学生日常生活中不可或缺的一部分。教师可以利用社交媒体平台，为学生提供一个更加便捷和互动的历史学习渠道。

例如，教师可以创建一个历史学习主题的社交媒体群组，邀请学生加入并分享自己的学习资源和心得体会。在这个群组中，学生可以相互交流和讨论历史问题，分享自己的学习方法和心得。另外，教师还可以利用社交媒体平台的直播功能，为学生开展一些历史主题的直播讲座和答疑活动。这些活动不仅能提升学生的历史学习兴趣和参与度，还能为学生提供更加灵活和个性化的学习支持。

通过提供多元化学习资源，可以有效支持学生的个性化学习需求，进一步促进其自主学习。这些资源不仅丰富了教学内容和形式，还为学生提供了更加灵活和个性化的学习路径。在未来的历史教学实践中，教师应该继续探索和创新多元化学习资源的应用方式和方法，不断优化历史教学路径，以便更好地满足学生的学习需求和发展要求。此外，学校和教育部门也应该加大对历史教学资源的投入和支持力度，为教师和学生提供更加优质和丰富的历史学习资源。

第三节 项目式学习在历史教学中的应用与探索

随着教育理念的不断进步，历史教学不再仅仅局限于知识点的传授，而是更多地关注培养学生的批判性思维、自主学习能力和问题解决能力。项目式学习作为一种以学生为中心的探究式学习方法，逐渐在历史教学中展现出其独特的优势。项目式学习通过让学生围绕一个主题或问题进行深入研究、分析和应用，不仅能有效提升学生的自主学习能力，还能优化历史教学路径，使学习过程更加生动、有趣和高效。

一、项目式学习的定义与特点

项目式学习是一种以学生为中心，通过解决真实世界问题或完成具有挑战性的项目来驱动学生学习的教学模式。其核心在于将学习内容转化为具体任务，使学生在完成任务的过程中主动探索、合作学习和深度思考。其特征包括以下六个方面：

（一）真实性问题

项目式学习通常围绕一个真实的问题或主题展开，这些问题或主题与现实生活紧密相关，能激发学生的兴趣和好奇心。

（二）主动学习

学生在项目式学习中不再是被动接受知识，而是通过主动探究、分析和解决问题来建构知识。

（三）跨学科整合

项目式学习往往涉及多个学科的知识和技能，有助于培养学生的跨学科综合素养。

（四）批判性思维

学生在项目式学习中需要分析问题、评估证据、形成判断，从而培养批判性思维。

（五）团队协作

项目式学习强调团队合作，学生在共同完成任务的过程中学会沟通、协作和领导。

（六）成果展示

学生在项目结束后通过展示成果来检验学习成效，这有助于提升其表达能力和自信心。

二、项目式学习在历史教学中的应用

历史学科具有丰富的内容和深厚的文化底蕴，非常适合采用项目式学习的方式进行教学。将项目式学习引入历史教学，可以打破传统课堂的局限，使学习过程更加生动、有趣且富有成效。以下是一些具体的应用案例：

（一）历史主题研究项目

教师可以选取一个或几个历史主题，如"'二战'中的转折点""中国古代丝绸之路的影响"等，让学生分组进行研究。学生需制定研究计划、收集资料、分析数据、制作展示材料（如PPT、视频、海报等），并在班级或全校范围内进行展示。这一过程不仅加深了学生对历史知识的理解，还锻炼了学生的信息检索、分析综合、表达沟通等多方面的能力。

（二）历史模拟与角色扮演

通过模拟历史事件或场景，如"联合国大会讨论朝鲜战争停战协议""古罗马法庭审判"，让学生扮演不同的历史人物角色，进行辩论、协商或审判等活动。这种沉浸式的学习方式能极大地激发学生的学习兴趣，帮助学生从多个角度理解历史事件的复杂性和多样性，同时培养同理心和决策能力。

（三）历史文物复原与展览

引导学生选择特定的历史时期或文化，设计并制作历史文物模型或复原场景，如"汉代墓葬模型""宋代瓷器展览"。学生需要研究相关历史背景、材料工艺、设计风格等，这一过程不仅加深了学生对历史文化的认识，而且促进了动手能力和创新思维的发展。通过举办小型展览，学生还能体验到作为"策展人"的成就感，从而增强其自信心。

（四）历史纪录片制作

教师可以鼓励学生围绕特定的历史主题，如"改革开放四十年的变迁""抗日战争中的英雄人物"，策划并制作一部短纪录片。从选题策划、脚本编写、拍摄采访到后期剪辑，学生全程参与，不仅学习了影视制作的基本技能，而且通过实地考察、专家访谈等方式，深入探究历史事件的真相与意义，培养了学生的批判性思维和媒体素养。

（五）历史辩论赛

针对历史中的争议问题，教师可以组织学生进行辩论赛。例如，在学习"冷战"历史时，可以围绕"冷战是否可以避免"这一主题展开辩论。通过辩论，学生可以更加深入地了解冷战的历史背景、原因和影响，同时培养其批判性思维和辩论能力。

三、项目式学习在历史教学中的实施步骤

实施项目式学习需要遵循一定的步骤，以确保项目的顺利进行和有效实施。以下是一些具体的实施步骤：

（一）选择适合的项目主题

选择项目主题是项目式学习的第一步，也是至关重要的一步。历史教师可以根据课程内容和学生兴趣，选取一些具有代表性、争议性或与学生生活紧密相关的历史事件、人物或时期作为项目主题。例如，在学习中国古代史时，可以设计"探索丝绸之路的贸易与文化交流"项目；在学习近现代史时，可以选择"'二战'期间国际关系的变化与影响"作为研究主题。

（二）制定明确的项目目标与任务

在确定项目主题后，教师需要为学生设定清晰、具体且可达成的学习目标，并规划出一系列逐步深入的任务。这些任务应涵盖历史事实的了解、历史背景的分析、历史人物的评价以及历史事件的反思等多个方面。例如，在"探索丝绸之路"项目中，可以设定以下任务：

（1）收集丝绸之路的地理、历史和文化背景资料。

（2）分析丝绸之路上的主要贸易商品和文化交流方式。

（3）评估丝绸之路对沿途国家和地区经济、文化和社会发展的影响。

（4）制作一份关于丝绸之路的多媒体展示或撰写一篇研究报告。

（三）提供必要的资源与指导

在项目式学习中，学生需要自主查找和整理资料，但教师也应提供必要的资源和指导，以确保项目的顺利进行。这包括推荐历史书籍、网站、纪录片等参考资料，以及教授如何进行有效的文献检索、资料整理和数据分析等方法。此外，教师还应定期与学生进行个别或小组交流，了解学生的研究进展，解答疑惑，并提供反馈和建议。

（四）鼓励团队合作与分享

项目式学习强调团队合作的重要性。教师可以根据学生的兴趣、能力和性格特点进行分组，确保每个小组都能有效协作。在项目实施过程中，教师应该鼓励学生之间的交流和分享，通过讨论、辩论、角色扮演等活动，促进彼此之间的思想碰撞和相互学习。同时，教师也可以组织定期的汇报会或展示会，让学生展示自己的研究成果，增强团队合作的凝聚力和成就感。

（五）评估与反思

项目式学习的评估应关注学生的全过程表现，包括资料收集、分析、讨论、创作和展示等多个环节。评估方式可以是自我评价、同伴评价和教师评价相结合，既关注成果的质量，也重视过程的参与度和努力程度。在项目结束后，教师应组织学生进行反思，总结项目过程中的收获、困难和改进措施，为今后的学习提供参考和借鉴。

四、项目式学习在历史教学中的挑战与应对

虽然项目式学习在历史教学中具有显著的优势，但在实施过程中也面临一些挑战和问题。以下是教学实践中一些常见的挑战及应对的策略：

（一）资源限制

项目式学习需要大量的资源和支持，如图书资料、网络资源、实验设备等。然而，在实际教学中，这些资源往往有限。针对这一问题，教师可以充分利用现有资源，如图书馆、博物馆、网络资源等，同时鼓励学生通过自主探索和合作学习，共同解决问题。

（二）时间管理

项目式学习需要花费较长的时间进行项目实施和成果展示。然而，在实际教学中，时间往往有限。为了尽可能缓解这个问题，教师可以合理规划项目时间，明确各个阶段的任务和时间节点，同时鼓励学生合理安排时间，提高学习效率。

（三）学生参与度

项目式学习强调学生的主动参与和自主学习。然而，在实际教学中，一些学生可能缺乏兴趣或动力，导致参与度不高。为了提高学生参与的积极性，教师可以设计具有吸引力和挑战性的项目主题，同时采用多样化的教学方法和手段，激发学生的学习兴趣和积极性。

（四）教师角色转变

在项目式学习中，教师的角色由传统的知识传授者转变为指导者和支持者。然而，一些教师可能难以适应这种角色转变。为了应对这一挑战，教师可以参加专业培训和学习交流活动，不断提升自己的教学能力和水平。

项目式学习作为一种以学生为中心的教学方法，在历史教学中具有广泛的应用前景和深远的意义。通过项目式学习，学生能主动探究历史、深入理

解历史、创新表达历史，从而培养其自主学习、批判性思维和团队协作的能力。当然，项目式学习在历史教学中也面临一些挑战和困难，需要教师和学生共同努力，不断探索和创新，克服困难，完成相应的教学目标。未来，随着教育理念的不断进步和技术的不断发展，项目式学习将在历史教学中发挥更加重要的作用。

第四节　建立学习共同体，促进同伴互助学习

在历史教学中，自主学习不仅是培养学生独立思考和终身学习能力的关键，也是提高教学效果、激发学生兴趣的重要途径。上文探讨了如何通过问题导向学习任务、提供多元化学习资源以及项目式学习法来促进学生的自主学习。然而，自主学习并不意味着孤立学习，相反，一个支持性、互动性的学习环境，对促进学生的自主学习大有裨益。因此，建立学习共同体，促进同伴互助学习，也是优化历史教学路径的重要一环。

一、学习共同体的内涵

学习共同体是指由学习者及助学者（包括教师、专家、辅导者等）共同构成的团体，学生在学习过程中进行沟通、交流，分享各种学习资源，共同完成一定的学习任务，并在成员之间形成相互影响、相互促进的人际关系。在学习共同体中，学习者不仅从教师那里获取知识，还能从同伴那里获得支持和帮助，共同构建知识体系，提升学习效果。

在历史教学中，学习共同体的重要性不言而喻。历史学习往往涉及大量的史实、背景、观点和解释，学生需要不断地阅读、思考、讨论和反思。建立学习共同体，可以为学生提供更多的交流机会，帮助其从不同角度理解历史事件，深化对历史问题的认识。同时，学习共同体还能增强学生的合作意识和团队精神，培养学生们的沟通能力和社交技能。

二、学习共同体在历史教学中的作用

（一）提供丰富的学习资源

学习共同体成员来自不同的背景，不同学生拥有各自的知识、经验和观点。这些多样化的资源为历史教学提供了丰富的素材和视角，有助于拓宽学

生的视野，加深对历史事件的理解。

（二）营造积极的学习氛围

在学习共同体中，成员之间互相尊重、互相信任，形成了一种积极向上的学习氛围。这种氛围能激发学生的学习兴趣，增强其学习动力，使学生在历史学习中更加主动、积极。

（三）促进深度学习和培养批判性思维能力

在学习共同体中，学生可以通过与同伴的讨论、辩论等方式，对历史事件进行更深入、全面的分析。这种深度学习有助于培养学生的批判性思维，使其在历史学习中不仅关注事实本身，还能关注事实背后的原因、影响和启示。

（四）培养合作精神和沟通能力

学习共同体强调成员之间的合作与分享。在历史教学中，学生需要与同伴共同完成任务、解决问题，这有助于培养其合作精神和沟通能力，为未来的社会生活打下坚实基础。

三、建立学习共同体，促进同伴互助学习的策略

（一）明确学习目标，建立共同愿景

在建立学习共同体之初，教师需要与学生共同明确历史学习的目标，如掌握基本的历史事实、理解历史事件的因果关系、培养批判性思维能力等。同时，还要引导学生建立共同愿景，即期望在学习共同体中达成的目标，如提高历史成绩、增强学习兴趣等。这样有助于形成统一的学习方向，增强学习共同体的凝聚力。

（二）分组合作，构建学习小组

教师可以根据学生的学习能力、兴趣爱好等因素，将学生们分成若干学习小组。然后每个小组选出一名组长，负责协调组内成员的学习活动。在小组内，学生可以共同讨论历史问题、分享学习资源、互相答疑解惑。这种分组合作的方式有助于促进学生互助学习，从而提高学生的学习效率。

（三）开展多样化的学习活动

为了激发学生的学习兴趣，教师可以设计多样化的学习活动，如历史角色扮演、历史辩论赛、历史小论文撰写等。这些活动不仅有助于加深学生对历史知识的理解，还能培养其实践能力、创新能力和团队合作精神。在活动中，学生可以互相协作、互相评价，形成积极的同伴互助学习氛围。

（四）利用信息技术，搭建学习平台

信息技术为学习共同体的建立提供了便捷的工具。教师可以利用网络平台、社交媒体等渠道，搭建历史学习交流平台，供学生分享学习资源、交流学习心得。同时，还可以利用在线协作工具，如在线文档、在线表格等，方便学生共同完成任务、协作学习。这些信息技术的运用有助于打破时间和空间的限制，使学习共同体更加灵活、高效。

（五）建立激励机制，鼓励同伴互助

为了激发学生的互助热情，教师需要建立有效的激励机制。例如，可以设立"最佳学习小组奖""最佳互助伙伴奖"等奖项，对表现优秀的小组和个人进行表彰和奖励。同时，还可以将同伴互助学习的表现纳入学生的评价体系，作为评价学生综合素质的重要依据。这种激励机制有助于增强学生的互助意识，促进学习共同体的健康发展。

（六）建立"学习档案"制度

学习档案是记录学生学习过程和学习成果的重要工具。教师可以为每个学生建立一份学习档案，记录其在学习共同体和同伴互助学习中的表现、进步和成就。通过学习档案，教师可以更全面地了解学生的学习情况和发展轨迹，为其提供更加个性化的指导和帮助。同时，学习档案还能成为学生自我反思和成长的重要参考依据。

建立学习共同体，促进同伴互助学习是优化历史教学路径的有效途径。通过明确学习目标、分组合作、开展多样化的学习活动、利用信息技术搭建学习平台、建立激励机制以及建立"学习档案"制度等措施，可以激发学生的学习兴趣和积极性，提高学生们的历史素养和综合能力。同时，这些活动还能增强学生的合作意识和团队精神，为其未来发展奠定坚实的基础。因此，在历史教学中，教师应积极构建学习共同体并促进同伴互助学习，以优化历史教学路径并提升教学质量，为历史教育的改革和发展注入新的活力。

第五节　利用在线平台，实施混合式教学策略

在历史教学中，促进学生自主学习和优化教学路径一直是教育工作者关注的重点。随着信息技术的飞速发展，在线平台为历史教学提供了新的契机。利用在线平台实施混合式教学策略，不仅可以丰富教学手段，还能有效

激发学生的历史学习兴趣，提升学生的自主学习能力。

一、混合式教学的定义与特点

混合式教学是指将传统的面对面教学与在线学习相结合的一种教学模式。它融合了线上资源的丰富性和线下互动的深度，旨在通过多样化的教学手段，提高学生的学习效果和自主学习能力。其主要特点包括：

（一）灵活性

学生可以根据自己的时间和节奏进行学习，不受时间和空间的限制。

（二）互动性

通过在线平台，学生与教师、同学之间的交流和互动更加便捷。

（三）个性化

教师可以根据学生的学习进度和兴趣，提供个性化的学习资源和指导。

（四）资源丰富性

在线平台提供了大量的历史教学资源，包括视频、音频、图片、文献等，丰富了教学内容。

二、利用在线平台实施混合式教学的策略

历史学科具有内容丰富、时间跨度大、知识点分散等特点，传统的教学方式往往难以全面覆盖和深入讲解。在线平台以其便捷性、互动性和资源丰富性，为历史教学提供了新的解决方案。混合式教学策略结合了线上和线下教学的优势，既能发挥教师的引导作用，又能激发学生的自主学习兴趣，是实现历史教学路径优化的有效途径。

（一）构建在线学习资源库

在线平台为历史教学提供了丰富的资源支持。教师可以根据教学内容，构建包含视频、音频、图片、文献等多种形式的在线学习资源库。例如，可以上传历史事件的纪录片、专家讲座视频、历史图片和原始文献等，供学生自主学习和探究。

在构建资源库时，教师应注重资源的多样性和层次性，以满足不同学生的学习需求。同时，还可以设置资源分类和标签，方便学生快速找到所需资源。

（二）设计在线学习活动

在线学习活动是混合式教学的重要组成部分。教师可以通过在线平台设

计各种学习活动，如在线讨论、在线测试、在线协作等，以激发学生的学习兴趣和提升学生的参与度。例如，可以组织学生进行在线讨论，围绕某个历史事件或问题进行交流和辩论；可以设计在线测试，检验学生对知识点的掌握情况；可以开展在线协作项目，让学生分组完成历史研究报告或制作历史主题的海报等。

在设计在线学习活动时，教师应注重活动的趣味性和挑战性，以激发学生的学习动力。同时，还应及时给予反馈和指导，帮助学生提高学习效果。

（三）实施翻转课堂

翻转课堂是混合式教学的一种典型模式。它通过将传统课堂中的讲授环节转移到课前，让学生在课前通过在线平台自主学习相关知识；在课堂上，则主要进行讨论、交流和实践活动，以深化学生对知识的理解和应用。

在实施翻转课堂时，教师应提前准备好课前学习材料，如教学视频、PPT、学习指南等，并上传到在线平台供学生自主学习。在课堂上，教师应引导学生积极参与讨论和交流，鼓励学生提出问题和分享观点。同时，还可以设计一些实践活动，如角色扮演、模拟辩论等，以增强学生的历史体验和理解。

（四）利用数据分析优化教学

在线平台具有强大的数据收集和分析功能。教师可以利用这些功能，收集学生的学习数据，如学习时间、学习进度、测试结果等，并进行深入分析。通过分析数据，教师可以了解学生的学习情况和问题所在，从而及时调整教学策略和方法。

例如，如果发现某个学生在某个知识点上掌握不牢固，教师可以及时给予个别辅导或提供针对性的学习资源；如果发现某个学习活动效果不佳，教师可以反思并改进活动设计。通过数据分析，教师可以不断优化教学路径，提高教学效果。

（五）建立在线学习社区

在线学习社区是促进学生自主学习和交流的重要平台。教师可以通过在线平台建立学习社区，鼓励学生积极参与社区活动，如分享学习心得、提出或解答问题、参与讨论等。

在学习社区中，学生可以相互学习、相互帮助，形成良好的学习氛围。同时，教师也可以积极参与社区活动，为学生提供指导和支持。通过学习社区的建立和运营，教师可以有效促进学生的自主学习和合作学习能力的提升。

三、实施混合式教学策略的注意事项

在实施混合式教学策略时，教师需要注意以下四个方面：

（一）平衡线上与线下教学

混合式教学并非简单地用线上教学替代线下教学，而是要实现线上与线下教学的有机结合。教师需要合理安排线上与线下教学的时间和内容，确保学生能充分利用在线资源进行自主学习，并在课堂上进行深入讨论和实践。

（二）关注学生差异

学生的历史基础、学习习惯和兴趣爱好存在差异。在实施混合式教学策略时，教师需要关注学生的个体差异，提供个性化的学习资源和指导。例如，对于历史基础较弱的学生，可以提供更多的基础知识讲解和练习；对于对历史感兴趣的学生，可以提供更多的拓展资源和研究任务。

（三）加强师生互动

师生互动是混合式教学的重要组成部分。教师需要积极利用在线平台的互动功能，与学生进行实时交流和反馈。同时，教师还需要关注学生的情感需求和心理状态，及时给予关爱和支持，营造良好的学习氛围。

（四）不断更新教学资源

历史教学需要与时俱进。教师需要不断更新教学资源，引入最新的历史研究成果和教学理念。同时，教师还需要关注学生的学习需求和市场变化，及时调整教学内容和策略。

四、实施混合式教学策略的挑战与对策

在实施混合式教学策略的过程中，教师可能会面临一些挑战。

（一）技术挑战

在线平台的使用需要一定的技术支持。部分教师可能缺乏相关的技术知识和技能，导致在实施混合式教学时遇到困难。针对这种技术性问题，学校可以组织相关的技术培训，帮助教师掌握在线平台的使用方法和技巧。同时，教师还可以参加相关的学术交流和研讨会，了解最新的教育技术动态和教学方法。

（二）资源挑战

构建在线学习资源库需要大量的时间和精力。部分教师可能因资源有限或缺乏足够的时间而难以构建资源库。为了解决这种问题，教师可以利用现

有的在线资源和开源资源，如历史博物馆的官方网站、历史研究机构的数据库等，来丰富自己的资源库。同时，还可以与其他教师合作，共同开发和分享教学资源。

（三）管理挑战

混合式教学涉及线上和线下两个环节，管理起来相对复杂。部分教师可能因管理经验不足而难以有效管理学生的学习过程。鉴于此，教师可以制定明确的学习计划和任务清单，帮助学生明确学习目标和要求。同时，还可以利用在线平台的监控和管理功能，实时跟踪学生的学习进度和情况，及时给予反馈和指导。

（四）评估挑战

混合式教学的评估方式相对复杂，需要综合考虑线上和线下的学习效果。部分教师可能因评估方法不当而难以准确评估学生的学习成果。为了全面地评估学生的学习状况，教师可以采用多元化的评估方式，如在线测试、作业、项目、讨论等，来全面评估学生的学习效果。同时，还可以利用数据分析工具对学生的学习数据进行深入分析，以得出更加准确和客观的评估结果。

利用在线平台实施混合式教学策略，是促进学生自主学习、优化历史教学路径的有效途径。通过构建在线学习资源库、设计在线学习活动、实施翻转课堂、利用数据分析优化教学和建立在线学习社区等措施，教师可以为学生提供更加丰富、便捷和个性化的学习环境。这不仅有助于提升学生的历史学习能力，还能培养其批判性思维、创新和实践能力。同时，在实施混合式教学策略的过程中，教师还需要关注技术、资源、管理和评估等方面的挑战，并采取相应的对策来加以应对。未来，随着信息技术的不断发展和在线平台的不断完善，混合式教学将在历史教学中发挥更加重要的作用。教师应积极适应这一趋势，不断探索和创新教学方法，为学生的自主学习和全面发展提供更好的支持和保障。

第六章 促进合作学习与探究学习，纵向延伸历史教学

第一节 构建与实施小组合作学习新模式

小组合作学习是一种在不同教育阶段都具有广泛应用的教学方式，旨在通过促进学生合作，使学生在共同完成任务的过程中达到教学目标。虽然该教学模式被广泛认为能增强学生的团队协作能力、沟通能力和问题解决能力，但在实际操作过程中却常常面临一些问题。首先，部分学生不遵守课堂秩序，在小组合作学习活动开始后就开始大声讨论，甚至偏离主题，谈论与合作学习目标无关的内容。这种嘈杂的课堂环境不仅使小组内部成员难以清晰听到对方的观点，也使教师难以对合作学习的进程进行有效监控和指导。其次，小组合作学习中的参与度也存在不均衡的问题。在小组中，成绩优异、能力出众、善于表达的学生往往更容易占据主导地位。相比之下，成绩较差、能力较弱、不善言辞的学生则可能沦为小组中的边缘人物，缺乏参与感和归属感，这不仅不利于学生的个人成长，还可能进一步加剧学生之间的两极分化。当前的高校小组合作学习活动在形式上主要以讨论交流为主，学生在讨论中各自发表意见，缺乏有效的记录和总结，小组活动的结果仅仅以一份课堂作业而结束，而学生在这一过程中提出的观点和感悟却没有得到很好的整理和呈现。这种缺乏载体的合作学习方式，使小组合作学习的质量难以保证。最后，部分教师在小组合作学习活动中的角色和定位有时也会存在一定偏差，部分教师认为小组活动可以完全交给学生主导，甚至在学生讨论过程中完全不见踪影，当学生遇到问题和困惑时也无法得到及时回应，从而影响了合作学习的效果和学生的学习体验。此外，受限于教师的有限精力，使其在实际教学中往往难以兼顾所有小组及学生

的表现和问题，进而削弱了小组合作学习的效果。

　　针对当前小组合作学习模式中存在的种种问题，构建新型小组合作模式显得至关重要。现在，在课堂创新的大背景下，将信息技术与小组合作学习进行优化整合，可以进一步提高小组合作学习的教学质量和效率。在此过程中，教师可以引入希沃品课软件中的"协作书写"功能，打破传统小组合作学习的空间限制，同时也可以丰富师生及生生间的交流互动形式，提升学习过程的高效性。利用"协作书写"功能，每个学生都可以通过各自的平板设备，共同参与到小组的协作书写中来，在虚拟的空间中实时输入自己的观点和想法，所有内容都会即时呈现在同一块虚拟白板上。这种即时反馈和共享机制极大地促进了小组内部的信息整合，并能迅速生成清晰明确的讨论结果，无须专人进行记录。特别是对于那些性格内向的学生来说，"协作书写"为其提供了一个表达自己的机会，避免了面对面交流时的紧张与不安。这使每一位学生都能积极参与到小组合作学习活动中，共同为小组的讨论成果贡献力量。通过大屏白板，还可以将每个小组的讨论结果集中呈现出来，供其他小组参考与交流。这种开放式的交流方式，不仅促进了班级内部的资源共享，还显著增强了课堂的互动性和趣味性。最重要的是，教师无须深入学生的讨论过程中，就可以根据每个小组的大屏白板了解到其讨论进度和遇到的问题，从而更精准地把握课堂节奏，及时解决学生在讨论中遇到的问题。

　　在具体操作时，教师需要采取一系列步骤。首先，教师需要指导学生统一下载希沃软件。其次，教师需要在教师端操作界面上点击"批注"功能，为学生发送研讨的具体内容。学生则需要在各自的学生端平板上打开"投屏"功能，用于传递和接收各类文件信息，为后续合作学习奠定坚实基础。再次，小组长需要在一体机上执行"插入协作"功能，并邀请所有小组成员加入"协作书写"。该功能可以支持多人多设备的同时协作，同一个组内的学生都能在自己的平板上作答，并能编辑同一个界面的内容。最后，小组合作学习的成果将通过"投屏"功能被实时投射到大屏幕上，以实现成果的可视化展示，便于教师和其他小组直观了解小组合作学习的成果并进行评价，以此激发学生的参与热情。

　　在高校历史课堂教学中，教师可以充分利用希沃白板这一先进的教学工具来展示各类历史资料，从而丰富教学内容，激发学生学习兴趣。在讲解古希腊罗马史时，教师可以收集一些关于古希腊罗马时期的建筑、雕塑、壁画等图片，通过希沃白板的高清大屏展示给学生，使学生直观感受到古希腊罗马文明的辉煌，同时更好地理解这一时期的政治、经济、文化等方面的特点；在探讨文艺复兴时期欧洲史时，教师可以向学生展示这一时期的艺术作品等，如列奥纳多·达·芬奇的《蒙娜丽莎》、米开朗琪罗的《大卫》等。通过希沃白板的展示，学生可以近距离地欣赏这些作品，感受其所蕴含的人文精神，从而更加深入地理解文艺复兴时期欧洲社会的变革与进步。在展示资料的过程中，教师可以借助希沃白板的标注功能，通过手指或触控笔直接在屏幕上操作，对这些资料进行标注，并在标注过程中讲解相关内容。这不仅可以吸引学生的注意力，同时还能帮助学生更好地理解历史细节，把握历史事件的脉络。此外，教师可以通过希沃白板与学生进行实时交流，鼓励学生积极发表自己的观点和想法，进而提高学生的课堂参与度。为进一步提升学生的团队协作能力，教师还可以利用希沃白板的分组功能，将学生分成不同小组进行分组讨论。这不仅有助于促进学生之间的交流和合作，还显著增强了其团队协作意识。希沃白板还可以作为知识检测的工具。教师可以通过希沃白板的抢答、随机点名等功能，对学生进行随堂测试。希沃白板可以对学生的回答进行实时统计和分析，并将其转化为直观的数据形式，教师通过分析这些数据，可以作为自身教学的实际反馈，有助于及时了解学生的学习情况，并对当前的教学策略进行优化调整，以此为后续教学提供参考和依据。

　　总的来说，通过应用"协作书写"工具，学生的学习积极性得到了极大激发，成功营造了一个激烈、有序的小组讨论氛围。通过"协作书写"，每个学生都有机会将自己的想法和观点表达出来，并与他人的观点产生碰撞，而这些讨论的结果也能以可视化的方式呈现出来，使小组讨论的成果更加直观且易于理解。同时，"协作书写"还具有自动生成学情报告的功能，学生在课后可以通过查看自己的报告，进而全面了解自己在课堂上的表现以及知识掌握情况，从而更好地发现自己在学习中存在的不足，并为后续的复习巩固提供参考。对于教师来说，"协作书写"可以使其更为直观地了解学生对知识的掌握情况，利用"投屏"功能，还可以将学生的学习成果实时呈现在大屏幕上，每个小组都可以看到彼此的讨论进度和成果，这不仅增强了课堂的互动性，同时还能使教师精准把握课堂节奏，提高小组合作学习的效率。然而，尽管希沃白板交互式教学具有诸多优势，但也需要注意一些问题。第一，教师在备课阶段需要做好准备，确保教学资料的丰富性和趣味性，以便在课堂展示时更好地吸引学生的注意力。第二，教师需要合理安排教学进度，合理应用希沃白板，不能过于依赖。第三，在授课过程中，教师需要加强与学生的互动，在鼓励学生积极讨论的同时注意对学生进行引导和指导，以确保课堂讨论能达到预期目标。

第二节　探究式学习在历史课堂的应用策略

随着历史学科的发展，探究式教学法在高校历史教学中的运用越发广泛，并得到广大师生的高度认可。与传统的灌输式教学不同，探究式教学模式强调培养学生的批判性思维、独立思考以及问题解决能力，通过引导学生主动探索历史知识，以充分激发其学习兴趣与热情。例如，教师在讲解某个历史事件时，可以组织学生分组，围绕这一特定事件展开深入研究。学生需要自行搜集资料、分析背景、探讨原因、评估影响，并将其以展板的形式呈现出来。在此过程中，学生需要充分运用自身所学知识，并结合搜集到的资料进行深入分析，这不仅有助于提升学生的资料收集和整合能力，同时也可以锻炼学生独立思考和批判性分析的能力。

探究式学习作为一种创新的教学模式，在高校历史教学中具有多种应用优势。首先，探究式教学法能培养学生的探究精神。历史教学包含着大量信息，这些信息仅靠教师的讲解是很难全面覆盖到的，部分信息需要学生进行自主探索方可获得。大学生相比于其他阶段的学生来说，在收集信息方面的能力更强，因此探究式学习恰好可以为其提供一个自主探索和发现的机会。在教学过程中，教师可以通过向学生提出问题，并进行适当的引导，鼓励学生主动提出问题，并尝试自主解决问题。这一过程不仅可以拓宽学生的知识面，同时也赋予学生更多自主权和思考空间，有助于提高学生的独立思考能力。其次，探究式教学法可以培养学生的团队合作精神。历史与其他学科之间存在着密切的联系，历史探究的过程也涉及不同领域的知识，这需要学生之间通过合作的方式来共同解决问题。在探究式教学中，学生需要组成小组，围绕特定的主题或问题进行讨论和研究。通过这种方式，学生可以学会如何与他人进行有效沟通、如何分工协作、如何共同解决问题，进而培养其合作与交流的能力。同时，探究式学习还强调兼顾不同学生的兴趣和能力，使其能在团队中发挥更大的作用，这一过程有助于提高学生在班级内的存在感，使其更主动地参与到团队合作活动中。最后，探究式教学法能培养学生的批判性思维能力。探究式学习通过引导学生对特定历史事件和人物进行深入分析和评价，这一过程需要学生充分运用自身的知识储备和批判性思维对问题进行深入审视和分析，并做出明确的决策，这对于培养学生的问题解决能力和独立思考能力具有重要意义。

大学生作为一个已经积累一定学习经验和具备创造性思维的学习群体，对于教学方式和课程内容有着更为独特和多元的需求。仅采用传统的教学模式，很容易使学生对课程学习和教师产生厌烦和抵触心理，不仅无法激发学生的学习兴趣，而且还可能抑制其创造性思维的发展。在探究式学习中，学生不再处于被动学习地位，而是成为主动学习的主体。他们可以在教师的引导下，通过自主查阅资料、小组讨论等方式，主动探究历史知识。这不仅可以减轻教师的授课压力，还能充分发挥学生的学习自主性。因此，在高校历史教学中开展探究式学习，不仅是对传统教学模式的革新，也是满足学生学习需求和人才培养要求的重要举措。

在应用探究式学习时，教师可以从以下三个方面展开：

第一，进行自主预习。预习是历史教学的重要组成部分，特别是对于历史这一信息量巨大的学科来说，仅仅依靠课堂上的讲解是无法让学生掌握全部知识的，学生需要在课前预习环节中自主收集相关史料，这对于拓宽学生历史视野具有重要意义。但是许多高校历史教师没有充分认识到这一点，导致学生在课堂学习中常常对课程内容感到陌生，难以与教师形成有效互动，进而影响了历史课堂的教学进度。在探究式学习理念的指导下，教师可以将预习环节视为教学过程的核心，通过引导学生在自主预习过程中收集与课程相关的史料内容，以拓宽学生的信息渠道和来源，从而提高课堂教学的成效。以《中国近现代史纲要》（高等教育出版社）中"改革开放与现代化建设新时期"中关于"一国两制"的内容为例，教师可以在进行教学前引导学生在网络或文献资料中收集"一国两制"相关史料，如政策文件、新闻报道等，了解"一国两制"提出的背景、核心内涵、实际应用等方面的内容，提前对教授课程进行一定了解。在课堂教学中，教师可以鼓励学生将自己收集到的史料进行展示和讲解，学生在此过程中可以进一步拓宽自身知识面。由于学生已经对"一国两制"有了初步认识，教师在此基础上开展教学，学生将会更加积极主动地参与到课堂讨论中，进而提高历史教学的有效性。

第二，培养学生的问题观。教师需要认识到，发现问题往往比解决问题更为关键，因为如果没有对问题的敏锐洞察，就无从谈起解决问题。因此，在开展探究式学习的过程中，教师应将培养学生发现问题的能力置于教学的核心位置，鼓励学生敢于提出问题和自己的想法，培养学生的独立思考能力，通过积极的引导，使学生明白提问的重要性。为了更好地激发学生的内在潜能，教师应为学生创设一个开放性的教学情境，引导学生从不同角度去审视历史，使学生有机会提出自己的问题，进而在问题的引导下探索并解决问题。这一过程有助于培养学生的独立思考能力和终身探究能力，并为其今后的学习和工作奠定坚实基础。

第三，培养学生的质疑精神和活跃性思维。质疑不仅是学习的起点，更是推动知识探索与认知深化的动力。在进行探究式教学时，教师需要鼓励学生勇于表达自己的疑惑，这不仅仅局限于学生被动接受知识，而是使其学会主动思考，有助于加深其对知识的理解，并为接下来的学习打好基础。然而，质疑并非易事。在传统的教学模式中，学生往往习惯于接受来自教师传授和教科书上的知识，缺乏独立思考和质疑的勇气，这将会导致学生的思维方式被固有的认知结构所束缚，难以形成新的见解和认知。因此，探究式学习需要打破学生固有的思维模式和认知结构，实现认知的升级和重构。为实现这一目标，教师需要仔细观察和分析学生的学习状态，帮助学生透过现象看到本质，揭示知识的内在逻辑和规律。同时，教师还需要深入剖析学生原有的认知结构，找到导致学生产生认知偏差的根源，并帮助其构建新的认知框架。

第三节　历史问题分析与解答培养批判性思维

历史学科不仅是对过往事件的简单回顾，也是培养学生批判性思维能力的重要途径。人类社会的发展进程与历史紧密相连，作为已经发生的客观事实，历史是不可更改的。然而，在史书的编纂过程中，由于主观认知的介入，有时会出现对某些事件或人物做出片面评价的情况。因此，学生在学习历史时，需要充分运用自身的批判性思维，学会从史料中获取准确的历史信息。同时，随着教育改革的不断推进，当前的历史教材中提供了大量"批判"观点，为学生提供了更为广阔的思考空间。以五四运动的历史地位为例，史学界就存在着不同的观点。这不仅要求学生具备批判性思维的能力，更要求其能够在纷繁复杂的观点中筛选出真实可靠的信息，进而形成自己的独特见解。"批判性思维决定历史教学的质量"。这种思维不仅体现在判断力方面，而且还需要具备对事物本质进行剖析与反思的能力。在高校历史教学中，教师需要依据课程标准及学生发展需求，精心选择史料，巧妙设计问题情境，通过历史问题的设置，以此对学生的认知框架产生冲击，使学生能更加全面地理解历史的多面性和复杂性。

首先，在对历史事件进行解读时，必须置身于事件发生的特定时空中。受限于自身的认知能力，学生在学习历史时往往是站在自身的角度去看待问题，导致学生无法真正理解历史并得出正确的历史结论。为解决这一问题，教师可以利用与历史事件有关的史料，在课堂上为学生创设一个情境，将历史与现实联系起来，帮助学生更好地站在特定的角度上去理解问题、思考问题。例如，在学习《中国近代史》（高等教育出版社）中"维新变法"为例，教师可以通过多媒体向学生展示 1898 年北京菜市口戊戌六君子就义前的图片以及李夏恩《菜市口：抛同志的头颅，洒朋友的热血》中的片段，并向学生提问：你如何评价"戊戌六君子"？当时的民众是如何看待"戊戌六君子"的？为什么会有这样的看法？面对这些问题，学生往往会基于现代视角，高度评价"戊戌六君子"的英勇就义行为。但是通过引导学生深入情境，阅读材料后就会发现，当时的百姓反应十分冷漠，他们对戊戌变法知之甚少甚至全然不知，这就与学生的既有认知产生了冲突，由此可以推断出维新派的主张在当时并未得到广泛支持。在此基础上，教师可以引导学生进行深层思考，分析造成这一问题的主客观原因是什么。学生将逐渐认识到，维新派虽然率先觉醒，但普通民众的思想仍未觉醒。进一步分析可以发现，中国的改革进程与西方国家是不同的，西方近代化的变革一是思想层面的变革，二是制度层面的变革，三是器物层面的变革，而中国近代化则经历了一个由器物到制度再到思想文化的过程。思想未觉醒也是导致维新变法最终失败的主要因素。在此过程中，教师需要重点强调，在分析历史事件或事物时应持有"温情与敬意"，而不是简单地用今天的观念和标准去附会当时的历史情境。这种思维品质的养成，能使学生以更加客观的态度去看待历史，同时也有助于学生形成健全的人格。

其次，培养学生的思维自主性。思维自主性，即坚持理性标准，独立思考，不盲目接受他人观点。在当今社会，人们每天都从互联网上接收大量信息，如何从中筛选出真实、有价值的内容，就需要人们具备独立思考和甄别真假的能力。在高校历史课堂上，教师可以通过创设与历史事件相关的问题情境，引导学生从不同角度、不同立场去解读历史。例如，在探讨戊戌变法失败的导火线时，史学界存在多种说法，如荣禄的告密、袁世凯的出卖、伊藤博文的到访等。为了使学生更深入地理解这一历史事件，教师可以为学生提供一些相关史料记载，深入分析不同观点的合理性。学生通过对比和分析不同立场下的观点，可以寻找其中能够用以相互支撑的信息，辨别其中不可信的信息，进而逐渐形成自己的认知。通过这样的学习，不仅能培养学生对历史事件的理解和分析能力，而且重要的是培养学生在面对各种信息时依然能保持思维自主，不受他人观点裹挟，这对其未来成长和发展具有重要意义。

最后，引导学生站在不同立场出发去思考问题，进而培养学生换位思考的能力，这也是提升学生人文素养的重要手段。在学习历史的过程中，学生往往会用现代人的观点去衡量当时人们的选择，无法真正体会历史人物在特定历史背景下做出抉择的复杂心境。为了打破这种以自我为中心的思考模式，教师可以向学生提出一些问题，引导学生尝试从历史人物的角度去审视历史事件。同样以《维新变法》的内容为例，我们都知道，维新变法的领袖谭嗣同，在变法失败后其实是有机会逃生的，但其却选择了为变法流血牺牲。对于这一点，教师向学生提出了一个开放性问题："你是否认同谭嗣同的选择？"针对这一问题，学生展开了激烈的讨论，并从不同的角度给出了自己的答案。一部分学生表示认同谭嗣同的做法，认为他以生命为代价，是为了唤醒更多国民的觉醒，推动社会进步。另一部分学生则持有不同意见，他们认为谭嗣同的牺牲是无意义的，因为在他被处决时，民众的反应并不积极，甚至用菜叶砸谭嗣同，这表明当时的群众并不支持变法。谭嗣同本可以选择保留性命继续为变法事业奋斗，而不是选择牺牲。在留给学生充足的讨论时间后，教师可以进行最后的总结。需要明确的是，谭嗣同生活在半殖民地半封建社会的中国。对于当时的中国人来说，追求民族独立和自强是首要任务。因此，谭嗣同等为变法流血牺牲，实际上是一种深沉的爱国主义表现。每个历史人物都生活在特定的历史背景下，他们的行为和抉择都受到时代、文化、信仰等多种因素的影响。因此，我们不能简单地用当下的观点去要求历史人物，而是需要以更加宽容和理解的态度去看待历史人物和他们的选择。

第四节　组织历史辩论与研讨会锻炼表达能力

在高校中，历史辩论赛不仅是作为一项学术活动，也是锻炼学生表达能力和思维能力的重要平台。在辩论过程中，学生需要充分运用自身的表达能力，同时还涉及学生在逻辑推理、团队协作、随机应变等方面的能力，因此辩论对于促进学生全面发展至关重要。首先，在辩论过程中，学生需要在有限的时间内迅速剖析问题，找到对方观点中的漏洞并进行反驳。这就要求学生必须具有扎实的逻辑推理能力。为了支撑自己的观点，学生还需要具备良好的信息筛查能力，能从大量的信息中找到最具说服力的证据，并通过严密的逻辑推导来完善论证的过程以及最终论证结果的可说服力。其次，在辩论时，学生需要使用恰当的语言技巧，将自身的观点清晰、完整且流畅地阐述出来，同时还可以配合声音、肢体语言以及情感的巧妙运用，以此达到影响听众和评委的作用。这一过程对于提高学生表达能力来说至关重要，能显著提升学生在面对公众讲话时的勇气和信心。最后，学生在参加辩论时除了要完整表达自己的观点外，还需要对对方的观点进行反驳，当然这并不是无理由的，而是基于一定的事实进行的反驳。学生应从不同层面去理解问题，在质疑对方观点的同时也要对自身观点进行重新评估。通过这种方式，学生的批判性思维将得到显著提升，对于任何信息都将持有严谨的态度。

下面以"辛亥革命是否必然发生"为辩题进行详细阐述。辛亥革命作为中国近代史上的一次重要转折点，其不仅标志着中国封建君主专制制度的终结，也为中华民族的伟大复兴奠定了重要的历史基础。然而，关于这场革命的爆发是必然还是偶然，一直是史学界争论不休的话题。正方认为，辛亥革命是偶然发生的。论据有以下三点：①国际环境的不确定性。在辛亥革命爆发前夕，世界资本主义正处于帝国主义阶段，各国之间的政治、经济关系错综复杂。尽管国际形势可能对中国的革命形势产生了一定影响，但并未起到决定性作用。②国内矛盾的复杂性。虽然辛亥革命爆发前中国社会内部存在诸多矛盾，但并未达到足以直接引发革命的程度。同时，除了以孙中山为代表的革命派，当时的中国社会还存在各种社会力量，这使得革命的爆发充满了不确定性。③革命领袖的分散性。以孙中山为代表的革命领袖长期分散各地，并未形成统一的领导核心，各个革命团体之间的合作和协调也存在一定困难。因而革命的爆发和成功具有一定的偶然性。反方则认为，辛亥革命是必然发生的。论据如下：①历史发展的规律性。历史发展有其内在规律。随着封建社会的日益腐朽和资本主义的逐步发展，中国社会的阶级矛盾日益尖锐，因此辛亥革命的发生是一种历史必然的趋势。②社会矛盾的激化。在辛亥革命发生前，中国就已经经历了几场农民起义、资产阶级改良运动，虽然最终均以失败告终，但这却为辛亥革命的发生奠定了基础。同时，当时的中国社会局势动荡不安，内部的矛盾已经积累到了临界点，外部又存在帝国主义的压迫，在内忧外患的大背景下，使得革命的爆发成为一种必然。③革命思想的广泛传播。20世纪初期，民主、科学、自由等思想在我国得到广泛传播，这不仅激发了人们的革命热情，也为革命提供了理论指导和行动指南。因而辛亥革命的发生有着坚实的思想基础，这一点与维新变法有着根本的不同。

在此基础上，正反双方将围绕这些论据展开辩论。首先，由正反双方各派一名代表进行开场陈词，阐述本方观点及论据。其次，由正反双方轮流进行攻辩，质疑对方论据，并强调己方观点。再次，正反双方自由辩论。最后，由正反双方各派一名代表进行总结陈词，强调己方观点，并对对方观点进行回应。这一过程不仅可以锻炼学生的表达能力和逻辑思维能力，同时也有助于学生进一步加深对辛亥革命这一历史事件的认识。

高校历史研讨会作为学术研究与教学交流的重要平台，旨在挖掘历史学科的前沿动态，探索教学方法的创新，并推动学术研究的深入发展。以北京师范大学2024年史学理论与史学史学术研讨会为例，该研讨会策划了多个场次，涵盖了多个方面的主题。例如，在"中西史学理论与史学史交流互鉴"场次中，与会者探讨了中西史学理论的异同，以及如何在全球化背景下实现史学理论的交流与融合。在"早期中国史学"场次中，与会者深入探讨了先秦时期中华文明的生成脉络，以及早期中国史学的发展特点，为理解中国史学传统提供了重要线索。北京大学联合浙江大学举办的世界史研究生学术交流会，此次研讨会中，与会者报告了《繁荣与德行：论费奈隆的政治经济思想》和《此兰学者所知也：文政霍乱、骆驼巡游与兰学知识的社会化》。在交流环节，与会专家从不同角度对研究提出了具体的建议和看法。

在高校历史教学中，教师也可以巧用历史研讨会的形式，进一步提升学生的表达能力。首先，教师需要围绕历史教学中的内容，精心选择一个合适的议题，如"中华文化与世界文明的关系""中国近现代史学"等，同时还要确保这些议题具有一定争议性和探讨价值，以充分激发学生的思考兴趣，促使其主动查阅相关资料，为研讨会做好准备。其次，在研讨会开始前，教师应明确研讨会的规则和要求，包括发言的时间限制、讨论的礼仪规范等。同时，教师还可以为学生提供一些参考资料或研究框架，帮助其更好地理解和分析历史问题。在研讨会的组织过程中，教师可以采用分组讨论的形式，每个小组负责一个子话题，在组内进行讨论交流，使每个学生都能参与到教学活动中。再次，教师可以要求每个小组派出一名代表上台发言，参与到全班讨论中，与其他学生分享本小组的讨论成果。其他学生则可以在发言人报告完毕后进行提问和发表观点，形成互动式的讨论氛围。在此过程中，教师需要发挥自身引导者的作用，确保研讨会的秩序，并及时纠正学生的错误认知。最后，在研讨会结束后，教师应及时总结学生的表现，并要求学生撰写研讨会心得。通过历史研讨会，学生的表达能力将得到显著提高。

第五节　跨学科项目设计，促进知识融合与应用

历史学科作为一门人文学科，与其他人文学科之间存在着高度的共通之处，这使历史跨学科教学成为可能。项目式学习彻底打破了传统历史教学模式中"重知识、轻实践"的局限性，在学习过程中，学生将不再仅是通过书本学习历史知识，而是通过参与实际的项目，将所学知识应用于实践中，进而加深对历史知识的理解，同时还有助于提升学生的实践和团队协作能力。通过将跨学科教学与项目式教学融合起来，即形成了跨学科项目式教学，通过将历史与其他学科联系起来，进而形成了一个有机整体。在这样的学习过程中，学生不仅能更好地掌握历史学科的核心知识，还能深刻体会到不同学科之间的内在联系性。这不仅可以提高学生的系统学习能力，还能激发其对跨学科学习的兴趣。需要注意的是，开展历史跨学科项目式学习，并不意味着要分散历史教学的重点，相反，这种教学方式可以将历史学科的核心知识进行提炼和概括，然后以主题的方式呈现出来，进一步巩固学生的基础知识水平，促进知识融合与应用，并提高学生知识迁移的能力。

从高校历史跨学科项目的具体实施步骤来看，大致可以分为以下三步：

一、前期准备阶段

首先，确定主题是跨学科项目式教学的第一步，合适的主题对于后续教学活动的顺利开展具有重要意义。具体来说，教师应在明确当前高校历史教学课程标准和教学目标的基础上，尝试寻找不同学科之间的交叉点和融合点，以此作为设计跨学科项目化学习主题的出发点。例如，在历史与政治学科的交叉融合中，教师可以引导学生研读党的重要文件及毛泽东、邓小平等领导人的著作，让学生深刻感受并理解特定历史时期中国的社会变革情况。在研读过程中，学生不仅需要挖掘出政策背后的历史细节，还需要结合政治课程标准的要求，探究社会主义道路的历史必然性，真正理解"只有社会主义才能救中国"的道理以及新民主主义革命在中国历史上的深远影响。基于此，教师可以将项目主题确立为"品读伟人著作，走进社会主义探索时期的中国社会"。通过这种方式，不仅可以将历史与政治的知识点巧妙地连接起来，而且能拓宽学生的学习视野。同时，教师还可以对高校历史教材进行深度整合，以此调整学习的顺序和结构，打破学科壁垒，以此设定更为全面的学习主题，帮助学生在学习过程中形成系统的知识体系。此外，教师还可以将关注点放在学生的实际生活方面。教师可以积极寻找与学生现实生活紧密相关的素材，将乡土资源等转化为学习主题，使历史学习更加贴近学生的生活，进而激发学生的学习兴趣和参与度，同时也有助于培养学生的历史意识和人文素养。

其次，在确定主题后，教师需要为学生构建一个真实的教学情境，并从中提炼出跨学科的驱动问题，以引导学生深入思考，明确教学目标。在构建情境时，教师可以选择或设计一些与学生实际生活具有密切联系且能有效激发学生学习兴趣的素材，同时需要注重情境的多样性和层次性，以便更好地满足不同学生的学习需求。在真实情境的基础上，教师需要对高校历史教学中涉及的跨学科知识与能力进行跨学科分析与整合，明确历史与其他学科的交集点，以及这些交集点如何与相应学科的学科核心素养相结合。教师可以明确历史跨学科项目式教学的核心驱动问题，即问题中应包含对多个学科核心知识与能力的考察，同时还需以历史学科的探究为重点，使其他学科的问题能够始终围绕历史问题，从而使学生在解决问题的过程中提升其综合能力。

最后，教师需设计一份历史跨学科项目式学习的具体框架，包括学习目标、内容、方法、步骤以及评价标准等。

二、中期实施阶段

随着前期准备阶段的结束，教师对历史科学课项目式教学的主题、核心等内容具有一定的理解，并对学习路径进行了初步规划。在此基础上，可以进入正式实施阶段。首先，明确任务与快速入项是第一步。教师需要扮演好学生学习引导者的角色，利用引导课引导学生快速了解项目的背景、意义及目标，为后续学习奠定基础，并确保每位学生都能认识到自己在项目中的角色与责任。其次，教师可以开展探究课。探究课课时在1~2周，主要形式为小组合作探究与初期成果汇报。在小组合作探究过程中，学生主要围绕项目主题，开展文献查阅、资料收集、实地考察与数据分析等工作。除了在课堂上进行讨论与交流外，还需要在课外时间利用网络、图书馆等资源拓展自己的知识面。初期成果汇报课主要作为学生阶段性研究成果的展示平台，学生可以将自己的发现在全班分享，同时接受教师和同学们的反馈与建议。最后，成果公开与鉴赏表达。学生可以对研究成果进行修订和完善，并将其以主题展览、学术论文等多种形式进行公开展示。从学校与学生的实际情况出发，一次完整的跨学科项目化学习时长通常在3~4周。

三、后期总结阶段

这一阶段是对整个学习过程及成果的全面回顾和评估。第一，师生应围绕三个核心方面，对本次教学的开展情况进行深入反思：一是审视是否坚持历史学科核心素养的导向，并评估是否达到了预期效果。二是自身教学水平的提升情况。教师应对本次教学中采用的教学理念、方法等进行评估，分析是否相较于以前有所提升。三是学生在学习中的获得情况。学生需要反思自己的学习收获，包括知识、价值观等方面，并评估其是否能促进自身发展。第二，为了更全面地检验学习成效，教师可以在完成成果展示后组织一次测验，以检验学生对跨学科项目化学习中核心知识的掌握情况，并考查学生史料分析、历史论述等方面能力。

第七章　完善评价机制，实现教、学、评一体化全面评价

第一节　构建多元化评价体系，全面评估学生表现

　　课堂是高校教育教学活动的核心阵地，其教学质量直接影响着高校的人才培养质量。在新时代下，我国高等教育面临着新的要求，在此背景下，通过对高校教学评价体系进行深入改革，已经成为提升教学质量、优化教育环境的首要任务。然而，通过审视当前高校课堂评价体系的现状，不难发现仍以传统评价模式为主导，且存在着诸多需要解决的问题，其中最为突出的就是评价重心的失衡——过分侧重于对"教"的评价，而忽视了对学生"学"的考量。这种单一的评价导向，不仅无法全面评估学生的真实学习表现，而且不能反映教学活动的真实状况，还可能导致教学目标出现偏离，进而降低高校人才培养的质量与效果。同时，传统评价体系还普遍存在着"重结果轻过程"的弊端。学生的学习成果仅以一个期末考试的成绩呈现，而学生学习过程中获得的成长、课堂上的表现等关键环节却无法得到良好呈现。这种"管中窥豹"式的评价方式不仅无法评估教学过程的动态变化，也难以衡量学生的全面发展。此外，传统评价体系往往只关注数据与指标，而忽视了教学过程中师生的情感交流等方面的内容，因而显得缺乏人文关怀。这种局限的评价体系不仅削弱了教学评价的激励与导向作用，也不利于提升教学质量和学生参与度。

　　从高校历史学科的发展情况来看，其已经迈进了一个新的阶段。在此背景下，构建高校历史多元评价体系至关重要，有助于推动历史学科的进一步发展。多元化评价体系，顾名思义，就是指采用多样化的评价方式，对学生

的学习过程和成果进行全面、系统的评估。历史学科作为人类社会各方面情况的综合体现，具有十分丰富的内涵，且随着时代的发展，历史本身也在不断外延。在多元评价体系的框架下，教师能够更加全面、深入地了解学生的学习过程，更加准确地把握其学习特点和需求。从这一方面来看，多元评价体系与历史学科之间存在着显著的内在联系。同时，多元化评价体系关注学生的全方面表现。传统的高校历史评价模式往往采取"平时成绩＋期末成绩"的形式，虽然也有其他形式的考核，但均以考试成绩为主，旨在考查学生对知识点的掌握情况，忽视了学生的创造力、社交能力等方面的表现。然而，这些方面在历史学科的学习中同样至关重要。在多元评价体系的指导下，教师可以更加全面地评价学生的综合素质和能力，进而促进学生的全面发展。此外，多元评价体系的建立需要依托一系列科学、合理的指标体系。在指标的选择方面，教师需要充分基于历史学科的特点和需求，确保所选指标的可操作性和代表性。例如，在评估学生的交流能力时，教师可以充分结合学生在课堂上的发言情况、在小组讨论中的参与情况以及与他人合作完成任务的情况等，以此对学生的沟通能力进行全面评估。多元评价体系的落地实施不仅需要师生的参与，还需要高校、教育机构、政府部门等主体的支持和配合。同时，在家庭教育中，家长也应关注学生的多方面表现，积极参与孩子的成长过程，共同构建一个更全面、更精准、更公平的历史学科评价体系。

在构建高校历史多元化评价体系时，需要从以下三个方面开展：

第一，基于教育本质，深刻反思并扭转以往教学评价中"量质"认识上的偏差。长期以来，我国高校教学评价陷入了一个误区，即过分强调评价"量"，而忽视了评价"质"，这严重制约了高等教育的改革和发展。特别是在当前，我国已经进入了一个以发展新质生产力为导向的新阶段，高等教育作为社会发展的基石，必须紧跟时代步伐，深刻认识到高质量发展在高校教育中的重要意义。对于高校历史专业来说，这一转变尤为重要。历史学科不仅承载着传承文化、弘扬精神的重要使命，也是培养学生人文素养、批判性思维和创新能力的重要途径。因此，高校必须从根本上改进教学评价。具体来说，高校在引导教师进行课程改革的同时，也要在评价方式方面进行创新，积极构建一个多元化的教学质量考核评价体系，除了关注教师的教学成果和学术贡献外，更要重视其在教学内容优化、教学模式创新等方面的努力和成效。教师在对学生进行评价时也可以充分应用这一理念，关注学生学习过程中的质量，而不只是一个最终的考试结果。这样才能切实提升高校人才培养的质量。

第二，评价方式应能适应不同学生的学习特点和能力展现方式，同时可以全面、准确地评估学生的学习成效。在多元化评价体系的具体实施方面，大致上可以分为以下五个方面：其一，口头评价。口头评价具有即时性和灵活性的特点，能够迅速捕捉学生在课堂上的即时反应和思维过程。通过课堂问答，教师可以了解学生对历史知识的掌握程度；通过小组讨论，能够检验学生的交流互动能力和团队协作能力；通过演讲，能够考查学生的口头表达能力和自信心。在对学生的表现进行口头评价时，教师需要使用恰当的语言，应尊重学生的观点，给予学生充分的肯定，帮助学生正确认识到自己的优点与不足。其二，书面评价。作业、考试、论文等都是书面评价的主要方式，其不仅可以评估学生历史思维能力和批判性思维，同时也可以作为检验学生对历史知识的记忆与理解的标准。教师在对学生进行书面评价时需要进行批注，同时注意挖掘学生的独到见解，并给予建设性意见，以促进学生持续改进。其三，项目评价。项目评价指的是学生将自己的学习成果制作成一个项目，使学生能够将自己所学理论知识应用于实践。项目评价关注的是学生的实际操作过程。在高校历史教学过程中，教师可以采用这种创新性的评价方式，指导学生以小组合作的方式完成历史展览或制作历史纪录片等项目。在这一过程中，学生不仅需要深入研究历史资料，而且需要考虑如何以创新的方式呈现历史信息，这一过程有助于培养学生的实践能力、团队协作精神和创新能力。其四，实践评价。历史教学的内容不仅仅局限于书本上的知识，更多的是在现实生活中。教师可以组织学生去当地的博物馆、历史遗址等进行参观，在真实环境中感受历史，并将这份感受用图片、视频等方式表现出来。其五，创意作品评价。该评价方式主要侧重于考查学生对历史知识的理解和应用能力。例如，教师可以引导学生将历史与个人创意相结合，通过创作历史小说、制作历史模型、绘制历史画作等形式，表达自己对历史的理解和感悟。这不仅能激发学生的创造力和想象力，还能帮助其深化对历史事件和人物的认识。

第三，在建立多元评价体系的基础上，还需要建立一个全面的多元反馈机制，这对于学生的全面发展和持续进步至关重要。首先，教师可以建立一个即时反馈机制，这不仅体现在对作业或测试结果的回应上，也体现在课堂讨论、实践操作乃至日常学习的过程中。教师需要为学生提供即时指导与纠正，帮助学生快速认识到自身错误并进行纠正，进而提高学习质量。其次，为激发学生的学习动力，教师应采用鼓励性反馈策略，对学生的进步之处给予表扬和认可，从而增强学生的自我效能感和学习信心。同时，这样的反馈能使学生感受到被重视和尊重，进而有助于良好课堂氛围的建立。最后，教师需认识到，每个学生都是不同的个体，因此教师应深入了解每位学生的具体情况，然后据此采取个性化的反馈方案，包括指导调整学生的学习计划、为学生提供个性化的学习资源等，使学生能在适合自己的方式下进行学习，实现个人潜能的最大化。

第二节　实施过程性评价，关注学生成长过程

在当前社会，我国对于高校人才培养模式提出了多元化、创新性的要求，这也使高校历史专业面临着前所未有的挑战。过去以教师为中心、侧重于知识灌输与记忆考核的教学评价方式显然已经难以适应新时代对人才培养的新需求。因此，高校历史专业必须对自身教学评价模式进行改革，着力推行以学生为主体的过程性评价。过程性评价指的是在学生学习过程中，针对学生的学习表现进行全面评估的一种教学手段。过程性评价采取了过程性与目标性并重的原则，其不仅关注学生的学习成果，也关注学生在学习过程中的获得，并认为学习过程本身就是衡量学习质量的关键，这打破了以往仅侧重于学习成果单一维度的评价模式，同时实现了对学习动机、过程及效果的三位一体综合评价，使教学评价成为教学过程中不可或缺的一部分。通过实施过程性评价，教师能更全面地了解学生的学习状态与需求，为学生提供更加个性化的教学指导与支持。同时，这一评价方式也有助于增强学生的主动学习意识，为培养高质量历史专业人才奠定坚实基础。

过程性评价的实施应以强化学生自主学习能力为主要目的，使其真正意义上能够实现"自我驱动学习、在思考中学习、在实践中学习"。这一过程不仅有助于提升学生的理论知识掌握程度，还有助于学生构建起正确的三观，为其全面发展奠定基础。要实现这一目标，高校历史教师可以从以下三个方面出发，积极探索过程性评价教学改革：

第一，评价方式的多元化。过程性评价的核心在于其充分尊重学生在学

习过程中的主体地位，以及他们在不同学习阶段所取得的成果。这就要求教师在关注学生知识掌握的同时，还要重点考查学生在思想情感、个人能力等方面，进而促进学生综合素养的提升。在实施过程性评价时，教师应摒弃对评价标准、方法及结果的统一化和标准化追求，构建一种更加开放、包容的评价体系，以此为学生提供更多展示和表达自我的机会，进而激发其创造力和创新精神。

在过程性评价框架的指导下，高校历史专业可以对相关课程进行过程性评价设计，通过实施小班教学，以实现上述教学目标。理想情况下，小班教学的班级规模应控制在 20~25 人，这使教师能有更多精力去关注每个学生的个人成长情况，从而提高过程性评价的精准性和针对性。同时，在这种教学模式下，学生将成为课堂教学的中心。教师可以灵活运用多种教学策略，如让学生自主准备并讲授特定主题、组织分组讨论等，将教学分为不同阶段和主题，进而提升教学成效。在此过程中，评价不再仅仅依赖于教师的单一视角，而是由教师评价、学生互评以及学生个人自评共同构成了一个多元化的评价体系。在这一评价机制的运作下，师生互动将变得更为频繁，教师可以更深入地了解学生的实际需求和遇到的问题，学生也可以增强对教师的理解，从而提高课堂参与度。基于学生的反馈信息，教师可以对自身教学策略进行适当调整，以提升教学的针对性和有效性。

第二，教学内容的综合化。在传统的教学评价机制下，高校历史学专业往往难以全面兼顾学生需求，且教学内容与就业市场之间存在脱节现象，学生在校园内所学的知识无法真正应用于实际的生活中。为解决这一问题，高校历史专业需要打破专业课程之间的界限，实现历史学课程内容的有机融合，以拓宽学生的学术视野，提升历史教学质量。同时，历史作为一门人文学科，与其他人文学科之间存在着密切联系，因此，高校可以尝试将历史学科与其他相关学科进行整合，从而建立起一个课程互通机制，并逐渐打造一个综合性的课程体系。例如，高校可以将历史学科与文化产业联系起来，开设"历史文化资源开发与利用""非遗管理"等课程，并将其纳入学生的评价体系中，以促进学生的全面发展。同时，高校还可以将历史与旅游联系起来，开设"地方民俗史"等课程，在丰富学生历史知识的同时也能拓宽学生的文化视角。

第三，教学方式的场景化。鉴于历史学专业教学内容十分广泛，且学习难度与深度相较高中历史有了质的提升，加之课堂教学时间十分有限，这对教师开展教学提出了一定挑战。为了达到良好的教学效果，教师必须选择合适的教学方式，并根据课程内容的特点，灵活选择"直观教学""实践教学"等多种方式，从而充分激发学生的自主学习潜能。例如，内蒙古地区的高校历史专业在开设与民俗相关的课程时，会充分利用当地的人文资源，将课堂内容延伸至民俗博物馆、民俗展览等进行现场教学。这使学生能更加直观地感受到本土的历史文化和民俗风情，从而加深对课程内容的理解和记忆。同时，教师还可以组织学生到当地的文物遗址等进行实地调研，在特定环境下更好地理解各类文物历史资料，在丰富学生历史知识储备的同时，还能培养其实践能力和历史素养。北京师范大学历史学院采取了"历史文化影像化工程"教学实践项目，并将其作为考查学生学习成果的主要依据。教师通过引导学生制作历史主题纪录片或影视片等，使学生在参与过程中逐渐构建起自身的知识体系，同时培养学生的实践能力和创新思维。这一过程中学生的表现也可以被纳入过程性评价体系中，作为学生学习表现的综合评估。

高校还可以与当地的博物馆、文物局、旅游局等相关部门建立合作关系，共同搭建起实践教学平台。借助这一平台，学生可以参与到当地开展的历史文化活动中，协助有关部门完成相关工作，或是担任主题讲解员，充分利用自身的专业知识来为参观人员讲解历史。同时，学生还可以在教师的帮助下自发组成宣讲团，走出校园，深入到企事业单位中进行历史知识宣讲。通过这种方式，历史教学不再仅仅局限于书本和课堂，这不仅可以为学生提供一个将所学知识应用于实际操作的机会，同时还可以帮助学生不断巩固和深化对历史的认知，提高自身自主学习的能力。教师在这样的教学环境下，可以从多个角度观察并了解学生的学习情况，并做出更为全面、准确、客观的教学评价，从而更直观地反映出学生现阶段存在的学习问题，为教师调整教学策略提供依据，最终提高高校历史专业教学质量。

第三节　利用同伴与自我评价，促进自我反思与成长

在教学评价领域，自我评价占据着十分重要的地位。自我评价也可以称为自我测评或评估，指的是个体（即评价主体）依据既定的评价目标和标准，对自身做出的综合性评价，这关乎学生自身的学习目标和成长标准，如

学生个人的学习进展、综合素质等。自我评价在学生的学习与成长进程中发挥着至关重要的作用。首先，自我评价是学生成长的核心组成部分。在学生的成长过程中，学生会接收到各类主体的评价，但无论这些评价来自他人还是社会，最终都需要与学生的自我评价相融合，因为学生才是自身成长道路上的主角。通过自我评价，学生可以不断审视并完善自我，最终实现自我价值的最大化。其次，当学生学会如何客观、全面地评价自己时，就能更加清晰地认识到自身的优势与不足，从而激发自身的内在学习动力。这一过程有助于使学生养成良好的行为习惯，使其能对自己的学习行为进行持续监控，最终形成一套自我反思和调整的机制。在这一机制的驱动下，学生能对自己的学习和成长路径进行有效规划，并为今后的学习和成长奠定坚实基础。最后，当学生参与到自我评价的过程中，就能更加深刻地认识到评价本身的价值，逐渐形成良好的自我评价能力。通过这种方式，学生将更加清晰、准确地认识自己，并在今后的学习和成长道路上不断超越自己，最终成为独立的学习者。

例如，在学习《中国古代史（下册）》（高等教育出版社）中关于隋朝和唐朝的制度内容时，教师可以提前设计一份学生自我评价表，并在课堂导入阶段展示给学生。该评价表涵盖了科举制、三省六部制、政事堂等核心知识点，重点考查学生是否能够全面把握隋唐时期制度变迁的脉络，以及是否具备梳理这一历史阶段制度演变的能力。借助这一评价表，学生可以初步了解课程学习的目标。在学生自我评价的过程中，学生可能会面临一些问题。例如，在学生自主查阅相关文献资料时，对于一些知识点可能存在思维瓶颈或因个人思维方式的局限性而导致得出的结论较为片面。此时，教师需要鼓励学生反思自己的学习过程，分析自身能力的不足之处，如部分学生可能会意识到自己在"史料实证分析能力"上存在一定欠缺，对此，教师需要为其提供针对性的指导建议，帮助学生解决学习上的问题。需要明确的是，自我评价对于学生个人能力具有一定要求，因此并非所有学生都能自觉且理性地做出自我评价。因此，教师可以设计一系列引导性问题，以问题的形式来帮助学生更准确地进行自我评估，进而调整学习策略，实现更有效的学习。

同伴互评在教育评价活动中既占据着重要地位，也是促进学生全面发展的重要手段。同伴互评的过程，实质上是学生关注他人思维模式的过程，学生可以对同伴形成更深刻的认识，同时充分汲取他人思维中的优点，明确他人身上的不足并用于改进自身，真正达到"知彼"，这不仅有助于推动学生高阶思维的发展，同时也是学生社会性发展的体现。并且在同伴互评中，学生需要观察并分析他人的表现。这一过程能推动学生反思自己的思维过程，认识到自身的优势和劣势，进而达到"知己"。通过"知己知彼"的评价方式，学生可以在追求共性的基础上实现个性化发展，进而促进学生思维水平的不断提升。同样以《中国古代史》教学内容为例，学生在学习完辽宋夏金元的内容后，教师可以设计一个小组合作学习环节，引导学生共同梳理北宋的统一及其民族关系，北宋的阶级关系与社会经济，金朝建立与辽、北宋的灭亡，宋金战争等方面的内容，学生需要自主整理历史资料，并进行历史解释与史料实证。在此基础上，学生可以在小组内开展第一轮同伴互评，每个成员分别说出其他成员的优点，可以是资料整理、历史解释与分析、知识概括等方面。通过这种方式，可以显著提升学生的学习信心，同时也有助于优化学生的历史认知状态，促使学生之间进行相互学习。同伴互评可以延伸至小组外，各小组通过汇报本组的研究成果，可以促使小组之间进行互相评价，使评价内容得以拓展。

第四节　设计挑战性评价任务，检验核心素养

在高校历史教学中，如何设计具有挑战性的评价任务是一项至关重要的教学工作。所谓"挑战性"指的就是触动学生的思维深处，使学生在面对任务时能感受到一定挑战，进而激发其求知欲和探索欲。挑战性评价任务具有三个特征：第一，挑战性。这意味着教师所设计的任务应对多数学生具有一定难度，可以构成挑战，但同时要确保难度适中，否则会让学生感到无从下手，甚至失去学习信心。通过解决这些问题，学生的思维能力将得到显著提升。第二，开放性。这意味着评价的结果应具有一定不确定性，而不是仅仅局限于"对和错""好和坏"的层面上。在开放性的评价任务中，教师需要为学生预留出充足的思维空间，同时充分尊重学生的多元思维，鼓励学生勇敢表达自己的想法。在这样的任务中，大多数学生都能找到发挥自己才能的空间，并能在尝试和探索中有所收获。第三，综合性。挑战性评价任务不仅考查学生在某一学科或领域内的知识储备，更关注学生综合运用不同学科知识来解决实际问题的能力。第四，探究性。明确评价任务后，学生需要在教

师的引导下自主完成对知识的探究过程，包括资料的收集与整理、问题的分析与解决、结论的提炼与反思等。

"挑战性评价任务"的关键在于"挑战性"，核心是"评价任务"。在传统的教学评价方式中，评估学生的标准仅仅局限于学生的表面表现及考试成绩，但忽视了对学生思维能力、创新精神等方面的考量。挑战性评价任务可以有效打破传统评价方式的弊端，帮助教师以更加科学、全面的视角去审视学生整个学习过程与成果。对于学生来说，挑战性评价任务能引导学生进行主动思考和探索，进而在解决问题的过程中培养学习兴趣，促进学生多方面能力的发展。在教学目标层面，挑战性评价任务主要通过设计具有挑战性的评价标准和要求，鼓励学生跳出固有的认知框架，进而培养学生的思维能力和问题解决能力。同时，这些挑战性任务还要求学生学会从不同角度审视问题，深入分析其本质，进而锻炼学生的批判性思维。

从挑战性评价任务的具体环节来看，大致可以分为以下七个方面：①在教学区域方面，教师应为学生创设一个开放、包容的学习环境，为学生提供丰富多样的学习资源，鼓励学生根据自身兴趣和需求充分利用现有资源进行自主学习。②在教学准备方面，教师需要在设计任务前收集并整理各类教学资源，并从学生的角度出发，设计能激发学生学习兴趣和促进学生全面发展的评价方式，同时还要为学生提供必要的支持。③在教学介绍方面，教师首先需要向学生详细阐述挑战性评价任务的内涵、目的、要求以及其与课程内容的关联。④在教学重点方面，通过精心设计的评价任务，旨在引导学生在思考中提升创造力，在解决问题中培养问题解决能力。⑤在教学方法方面，教师可以采用多种不同的教学方法，如探究式学习、项目式学习等，以此更好地满足学生的学习需求。⑥在教学过程方面，挑战性评价任务大致上可以分为介绍评价方式、学生学习和创造、问题解决和评估等环节，每个环节都至关重要。在此过程中，教师需要给予学生适时指导并引导其深入思考，帮助其总结经验教训，为其今后的学习积累经验。⑦在教学反思方面，教师需要在评价任务结束后对整个教学过程和采取的评价方式进行深入反思，分析存在的问题，并思考改进评价方式的方法，使评价任务更符合大学生的思维发展，提升自身教学素养。

下面以"历史事件的多元解读与影响分析"为主题，设计一个挑战性评价任务：

以《世界史（近代卷）》（高等教育出版社）中"工业革命"为例。工业革命作为人类历史上的重要转折点，对世界发展具有深远影响。在本单元的学习中，学生需要学会从不同维度对工业革命进行深入剖析，旨在培养学生的批判性思维、史料分析能力、跨学科整合能力以及创新表达能力。

在任务内容方面，学生需要从知网、万方等数据库或图书馆等，收集关于工业革命的史料，并对收集到的史料进行分类整理、筛选，之后进行初步分析与解读，主要分析工业革命对社会、经济、文化、科技以及环境方面的影响。基于以上分析，学生需要形成自己的批判性观点，同时教师还可以鼓励学生提出自己的见解，如工业革命对性别角色的影响、对全球不平衡发展的影响等。学生还可以将自己的研究成果，以研究报告、PPT 等形式展示出来。在评价学生学习成果时，教师和其他学生可以重点从四个方面进行考察：第一，史料运用的准确性与深度；第二，多维度分析的全面性；第三，批判性思考的深度与创新性；第四，成果展示的清晰度与逻辑性。通过这样的挑战性评价任务，不仅能全面检验学生的历史核心素养，还能促进学生的全面发展。

第五节　将评价结果应用于教学质量持续改进

当前，高校教学评价正经历着一场深刻变革，其逐渐融入了各类新型评价方式，如院系评价、督导评价以及同行评价等，构成了一个更为全面的评价体系，但无论是什么评价方式，其内容始终围绕着教学态度、方法、内容以及效果等方面展开。在针对教师的教学评价方面，教学评价结果主要用于改善教学质量。当前，多数高校在处理评价结果时往往采取非公开的方式，这使评价工作在很多时候变为一个形式工作，难以发挥其应有的监督与促进作用。因此，应对评价结果实施公开制度，并提供实时查询服务，以此作为激励教师改进教学方式的动力，从而有利于教师的个人成长与职业发展。同时，这一评价结果也可以用于教学管理部门制定教学策略的依据，进而有助于推动整体教学质量的提升。此外，在教学人员的职业发展方面，教学评价结果同样具有重要地位。特别是在当前实施教师岗位分级聘用制的背景下，教学评价结果已经成为衡量教师教学效果的量化指标之一。在年终考核以及进修培训等方面，教学评价结果也可以作为一项重要的参考，为教师的职业发展提供有力支持。在教师对学生的教学评价方面，教师可以通过评价结果来了解学生的知识点掌握情况，从而精准识别学生的学习强项与薄弱环节。在此基础上，教师可以根据这一结果对教学策略和计划进行调整，重点强化学生对薄弱知识点的理解与掌握，进而提高教学成效。

通过构建多元化评价体系、实施过程性评价、利用同伴与自我评价、设计挑战性评价任务等方式，教师可以全方位了解到学生的学习情况和教学的实际成效。然而，评价本身并非终点，关键在于如何有效运用评价结果，推动教学质量的持续改进。为了将评价结果更好地融入教学质量提升的实践中，高校历史教师可以从以下五个方面开展具体工作：第一，教学评价的核心在于获取学生学习成效和教师教学效果的具体数据，通过对这些数据进行深入分析，可以了解学生当前学习过程中存在的问题和知识薄弱点，以及教师的哪些教学环节有待加强。通过精准定位问题所在，才能为后续教学改进提供依据。第二，基于对评价结果的分析，由高校和教师共同制定改进计划。例如，如果评价结果显示学生在某个关键知识点上存在普遍掌握不足的情况，高校可以考虑增设补习课程。同样，如果评价结果揭示出教师在教学方面存在问题，高校可以组织教师进行针对性的进修培训或教研活动，以提高教师的专业素养和教学能力。第三，在制定了改进计划后，高校和教师需要迅速投身于具体的实施过程中。为了更有效地实施改进措施，高校和教师可以采取多样化的策略，包括但不限于根据实际需求补充或更新教材，调整并优化教学方法以适应不同学生的学习需求，以及增加或优化教学资源等。但是最关键的是要确保这些措施能真正落实到学生的学习过程中，使学生能接受并将其融入自身的学习日常，进而发挥其应有的作用。第四，实施改进措施后，还需要对实施效果进行跟踪评估，以验证改进措施是否达到了预期目标。在跟踪评估的方式方面，既可以依据学生的考试成绩进行量化分析，也可以通过收集学生的学习反馈或教师的直接观察来进行质性评估。在收集相关数据信息并进行分析后，高校和教师需要对改进策略进行调整，确保其能推动教学质量的持续提升。第五，高校和教师还需要建立一个反馈机制，主要用于向学生及家长及时反馈评价结果及教学改进工作，以提高学生的学习信心，促使学生家长支持学校的教学工作，同时还有助于营造家校共育的良好氛围，为教学质量的持续提升注入更多动力。

第八章 利用信息技术手段，优化历史教与学新体验

第一节 数字化教学资源在历史课堂的融合应用

随着科技水平的不断发展，当前人们获取信息和学习资源的途径得到了前所未有的扩展。在此背景下，数字化资源在教学中的应用也越发广泛，并逐渐成为一种常态化的教学手段。数字化教学资源在未来将成为教育领域的重要发展趋势。特别是对于历史这一人文学科来说，数字化教学资源的融入更是显得尤为重要。因为历史中包含着大量文化内容，如果教师仅仅采取传统的课堂讲授模式，就会导致课堂变得枯燥乏味，同时，由于缺少信息获取的渠道，也会导致学生的知识面拓展受到限制。长此以往，不仅会导致学生失去学习历史的兴趣，还会阻碍学生核心素养的发展。通过数字化教学资源的融合应用，可以为学生提供更多获取信息的途径，使教学不仅仅局限于教材和课堂之上，同时，多媒体技术的应用也极大地丰富了教师的教学手段，教师可以利用虚拟现实技术（VR）重现历史场景或是通过在线互动平台引导学生进行小组讨论等。这些新颖的教学方式能在激发学生学习兴趣的同时有效提高课堂教学的效果。

为了更好地推动数字化教学资源在高校历史课堂中的融合应用，应从以下三个方面出发：

第一，教育主管部门和高校应充分发挥自身作用，共同制定一系列管理制度，以推动高校教育的现代化进程。一方面，这两个部门应积极响应教育改革的号召，通过定期为在校教师举办培训活动，帮助教师更新教育观念，提升其掌握并运用数字化教学资源的能力，进而实现教学效果的显著提升。

另一方面，为保障数字化教学的顺利进行，高校各个部门应提供坚实的后勤支持，包括选择适合学校需求的网站与系统、定期对设备进行维护等，以确保数字化教学资源的高效使用。同时，高校还可以考虑设立专门的指导部门，在数字化教学资源应用初期可以指派专业人员对教师进行一对一指导，帮助其克服困难和挑战。此外，考虑到教材篇幅有限，无法详尽阐述每个地区的历史发展，而通过数字化教学资源库的建设，则可以解决这一问题。在内容建设方面，资源库需要紧密贴合本土的文化背景，并对教材中未涉及的本土历史重点进行补充，使教学内容更加贴近学生生活实际，进而增强教学的针对性和实效性。

第二，加强高校数字化教学平台建设。当前，许多高校虽然建有自己的校园网，但主要侧重于宣传学校的历史成就与传达教育文件，在在线教学、教学研究等功能建设方面则存在一定欠缺。为构建一个真正高效实用的校园网站，高校需要加大资金投入力度。只有确保资金到位，才能为网站配备优良的软硬件设施，吸引并留住专业的技术人员。通过这种方式建立的平台，能为在校师生提供一个获取学校发展动态与信息的便捷途径，同时还能作为获取学习资源的手段，促进师生探究与自主学习能力的提升。另外，构建信息化的数字化资源库也是至关重要的。为了更有效地利用数字化教学资源，高校需要深入了解不同年级、学科和年龄段教师对教学资源的具体需求。具体来说，高校可以通过访谈、问卷调查等方式，对师生进行全面调查，以确保资源库的建设能精准对接师生的实际需求。这样的资源库不仅能解决师生在使用平台时可能遇到的付费、广告等，还能与校园网站建立起联系，进而激发师生使用数字化教学资源的积极性。当然资源库的建设只是第一步，后续的更新与维护同样至关重要。随着教育技术的发展与教学内容的更新，高校也需要定期对资源库进行调整与优化，以确保资源的时效性与准确性。

第三，在新一轮课改背景下，教师的角色更多地转变为教学活动中的引导者。根据这一角色定位，教师必须着力提升自身的教学能力，从而实现数字化教学资源的有效应用。首先，每个学生都是不同的个体，教师必须在充分了解学生个体差异的基础上，找到既符合课程内容又适应学生特点的数字化教学资源，以辅助学生开展自主学习与探究学习。其次，在利用数字化教学资源的过程中，教师需要加强对学生的引导，同时与学生建立密切的互动关系。在此过程中，教师能了解到学生的学习反馈情况，进而有针对性地调整教学策略，确保每位学生都能获得个性化的学习支持。最后，教师也需要不断提高自身的信息化素养，除了要更新本专业的知识外，还需要学习教育信息化方面的知识，如通过参加专业培训、参与教育研讨会等方式，强化自身的信息化教学能力，并积极尝试将新技术融入应用到历史课堂中，以提高教学效果。

第二节 虚拟现实技术重现历史场景的探索与实践

虚拟现实技术（VR）是一种先进的科技手段，通过利用电脑技术来模拟出一个高度仿真的情境，能为用户带来前所未有的体验感，同时用户还可以与之进行全方位互动。随着科技的快速发展，VR 已在社会各个领域中得到广泛应用，然而在教育领域，VR 仍属于一种新兴技术手段，尽管应用尚未成熟，但已展现出广阔的发展前景。在高校历史教学领域，VR 的引入为课堂教学带来了革命性的变化。传统的历史教学在信息呈现方面往往局限于文字、图片或影视资料等形式，学生的实际体验感较差。通过利用 VR 重现历史场景，则能让历史课堂"活"起来，使学生能在真实的历史场景中学习并感受历史。例如，在学习古希腊历史时，教师可以利用 VR 将古希腊时代的城市建筑，如雅典的卫城、帕特农神庙等展现给学生，或是将古希腊人们的生活方式展示出来，使学生能更好地感受当时的社会风貌；或是将古希腊重要的历史事件，如希波战争、伯罗奔尼撒战争等展示出来，使学生更深刻地理解这些事件对古代希腊乃至整个西方文明的影响。

VR 技术以其独特的沉浸式体验，为历史教学带来了巨大变革，特别是在高校历史教学中，存在着诸多抽象复杂的历史概念，而 VR 可以将这些知识具象化，帮助学生更好地进行理解和记忆。以"二战"为例，由于其跨越年份较长，发生的历史事件较多，学生对于理解并记忆不同事件的时间脉络存在一定困难。此时，教师就可以利用 VR 技术，使学生亲身体验战场的真实环境，感受战争的残酷与无情，从而更深刻地理解历史的复杂性与多面性。更重要的是，VR 不仅是让学生被动地观看历史事件，而且还鼓励学生成为历史的"亲历者"。通过重现历史场景，学生可以从不同视角去分析历史事件。在此基础上，教师可以组织学生针对某一历史事件模拟历史辩论，由学生分别扮演不同角色，这样可以使学生能更全面地理解历史事件背后的复杂因素，并在此基础上形成自己的独到见解。此外，VR 还可以为学生提供个性化的学习体验。这意味着学生可以根据自己的实际情况，自主选择感兴趣的历史事件进行深入学习，或是自主设计不同的历史场景和任务，进而满足学生多样化的学习需求。

VR 不仅可以革新历史教学的呈现方式，而且能有效激发学生的学习兴趣。长期以来，历史常被视为一门侧重于灌输与记忆的学科，许多学生对于历史会产生一定疏离感。VR 则可以为学生创设一种互动式的学习方式，在这种学习环境中，学生将不再是知识的被动接受者，而是成为学习的主动探索者。通过 VR 技术，学生可以身临其境地感受真实的历史场景，甚至参与到古人的实际生活中，这可以帮助学生更好地理解不同历史事件的背景、原因和影响。目前，VR 在历史领域的应用已经取得了显著成效。一些历史遗址和博物馆在其展览活动中都采用了 VR 技术。游客们只需要戴上头盔，就可以实现近距离观赏各类历史文物，或是了解不同历史事件背后的故事。这表明 VR 在历史教育领域具有巨大的应用价值。

需要明确的是，尽管 VR 在历史教育领域展现出巨大的发展潜力和应用优势，但从其实际发展情况来看，VR 的应用也面临一定挑战。首要问题是技术成本相对较高，采购和维护 VR 设备需要大量资金，这对于许多教育资源有限的学校来说是一笔不小的开支，特别是对于偏远地区的学校来说更是如此，这在一定程度上限制了 VR 在历史教育中的普及。除了技术成本外，教师的培训和技术支持同样不容忽视。要想让 VR 在历史教学中发挥最大效用，教师不仅需要掌握基本的操作方法，而且需要学会将其应用到实际教学中。这就需要高校对教师开展相应的培训。然而，当前针对教师的 VR 技术培训资源相对匮乏，导致教师难以真正掌握并应用这一新兴技术。虽然存在诸多问题，但可以明确的是，VR 在历史教育乃至其他领域的应用仍是一个值得深入研究的领域。相信随着技术的进步和成本的降低，未来将有更多高校能在历史课堂教育中引入 VR 技术，为学生提供更加生动、直观的历史学习体验。

第三节　大数据分析在历史学习行为中的应用

随着现代信息技术的不断发展，大数据分析在各个领域被广泛应用。在教育领域，特别是高校历史课程教学过程中，大数据分析逐渐成为优化历史教与学的重要工具。

一、大数据分析的基本概念及在教育领域中的应用

　　大数据分析主要是指通过对大量数据进行分析和挖掘，获取有用的信息和知识的一个过程。在教育领域当中，大数据分析应用主要集中在教学资源管理、学生行为监测、教学效果评估及个性化教学方案制定等方面。通过大数据分析，教师可以更加全面地了解学生的情况，精准定位学生的学习需求，进而制定出更有效的教学策略。

二、大数据分析在历史教学中的作用

（一）实现精准化历史教学

　　传统历史教学方式存在教学内容单一、教学方法呆板、缺乏针对性等弊端，而通过大数据分析技术可以对每个学生的学习情况进行分析，根据学生的兴趣、能力和学习进度等因素制定个性化教学方案，以便更好地满足学生的学习需求，提高教学效果。在历史教学当中，可以利用数据挖掘及时对大量历史资料进行分析。例如，通过对历史事件、人物和时间等数据进行分析和比对可以发现历史发展规律和趋势；可以利用聚类分析等技术对历史资料进行分类和聚类，以此发现不同类型的历史事件和人物之间的联系与区别。

（二）帮助教师了解学生的实际需求

　　大数据分析可以帮助教师更好地了解学生的实际需求，有针对性地选择不同教学方式。教师可以利用数据挖掘技术从大量历史史料中提取有价值的信息，帮助学生更好地理解历史事件和人物。同时，通过在线教育平台进行远程教学，不断扩展学生的知识面和视野。

（三）实现教学资源智能化辅助

　　通过自然语言处理技术可以自动分类和标注大量历史资料，帮助教师更好地管理课程资源和辅助教学。例如，利用智能语音识别技术将录音转换成文字，方便学生进行回顾和复习；利用图像识别技术对历史图片进行自动识别和标注，为教师提供更加丰富的教学资源。

三、大数据分析在历史学习行为中的具体应用

　　通过对学生学习数据进行分析和挖掘，教师可以了解学生的学习习惯、

学习进度、知识点掌握情况等，为学生提供个性化学习路径。例如，教师可以利用关联规则挖掘技术对学生的历史知识点掌握情况进行分析，并根据学生的学习兴趣和学习进度等为学生推荐相关学习资料和内容。

利用大数据分析技术，可以根据学生的学习兴趣智能推荐相关学习资源，此种个性化学习推荐能有效提高学生的学习情绪，还可以帮助学生更加高效地掌握历史知识。例如，通过分析学生的浏览记录、学习时长、答题情况等数据，系统可以自动为学生推荐适合其学习水平、符合学习兴趣的历史资料和学习内容。

大数据分析还能实时监测学生的学习效果，及时为教师提供教学反馈。在线教学平台可以实时将学生的答题情况、作业完成情况等数据传输到系统中，教师可以通过数据了解学生的学习进度和掌握情况，及时调整教学策略和教学方法。同时，学生也可以通过系统查看自己的学习数据和反馈，了解学习过程中存在的不足之处，更有针对性地进行学习。此外，利用大数据系统还可以一键导出学生错题本，方便教师分类整理错题，并根据学生的学习情况精准推动个性化作业。此种智能化错题本生成和推送方式不仅可以减少学生的抄题时间，避免盲目练习，还能为家长提供孩子的第一手学习信息，帮助家长更好地了解学生的学习情况。

四、大数据分析在历史教学中的优缺点

在历史教学过程中，大数据分析能推动学科融合。量化史学推动了历史学科与其他学科之间的有效融合，使历史研究更加精确化、细致化。同时，通过大数据分析，教师还可以更加精准地了解学生的学习情况并制定个性化教学方案，有效地提高了教学效果。此外，大数据分析还能帮助教师更好地管理课程资源，并起到辅助教学的作用，提高教学资源利用率。

在历史教学中，大数据分析也存在一定的缺点。量化研究在一定程度上弱化了史料的不可感性，可能会使历史研究忽略许多非常重要的主观或偶然因素，且大数据分析过分强调数据存在，在一定程度上导致教师无法分析出数据之外的隐藏原因，进而导致历史研究全面性和深入性受到了影响。

五、利用大数据推动教师专业成长

在教学领域，随着云教学模式普及，各种教学云平台、移动 APP 可以将

教学过程和结果转化生成各种数据，帮助学生开展精准教学和精准学习。对于历史教师来讲，必须具有一定的数据分析解读能力才能充分利用数据优化教学策略，提升教学效果。大数据时代催生了慕课、微课、翻转课堂、在线课堂、混合式课堂等现代课堂教学形式，向传统教学模式发起了挑战。此种多样化教学模式为教师提供了许多机遇，也带来了很大的挑战，不断推动教师专业能力向前发展。历史教师需要与时俱进，不断摸索研究新的教学手段，提高自身利用平板电脑、各种教学云平台教学能力，利用数据更好地、更有针对性地实施教学任务。

利用大数据促进历史教师团队建设，整合历史教育教学资源，有利于学校综合管理服务水平的提高。学校可以利用智能化手段避免历史教师进行重复性工作，将各种历史教学资源通过平台共享，促进学校历史教师团队共同发展。老教师可以将几十年积累的教学经验以数据方式呈现出来，详细记录历史教学过程中存在的问题及解决方案，并通过海量数据积累帮助新教师在遇到类似历史教学问题时及时了解相关解决方案，提高历史教师队伍的整体专业水平。

第四节　构建在线历史学习社群，促进交流与合作

在线学习社群是一种在近年来出现的新型学习模式，其出现对传统教育格局产生了深远影响。在线学习社群在具体应用中具备独特的优势，能将大量拥有相同学习目标和兴趣爱好的学生集聚在一起，搭建出一个学习氛围浓厚的社群。在该平台中，学生能进行合作、交流以及互动，其不但能加快学生学习相关知识的速度，还能培养学生多个方面的能力与素质。在高校历史课程教学中，构建在线历史学习群非常有必要。在在线历史学习社群的支持下，学生将形成更为宽广的历史学习视野。在该社群中，学生有机会接触到更多的历史资料与观点，使学生能学习更多课本外的知识。此种打破时间与空间限制的学习体验，能帮助学生对历史发展脉络有更为全面深入的了解，帮助学生树立宏观历史视角。另外，在线历史学习社群还可以为学生提供一个交流分享自身对于历史事件看法与心得的平台，促进不同学生的思维碰撞与交融。

一、确立社群目标与定位

在建立在线历史学习社群的过程中,确立社群目标与定位是最先需要完成的工作,其是社群后续正常发展的重要保障。在此过程中,确定社群价值观与宗旨的工作非常重要,他们是社群的灵魂,会对社群成员的学习态度与行为准则产生影响。当在线历史学习社群拥有足够明确的价值观与宗旨后,不但能加快独特社群文化形成速度,而且能增强社群的吸引力与凝聚力,使学生可以在社群中对历史知识形成新的感悟。首先,教师应该准确界定社群存在的目的与意义。针对在线历史学习社群来说,其宗旨是普及历史知识,提升学生历史素养等,相关宗旨与高校历史课程教学目标高度相符,社群活动可以作为高校历史课堂教学的补充与延伸,进一步提升学生学习效果。其次,教师需要明确社群价值观,其包括坚持学术诚信、尊重历史以及包容多元观点等。在这些价值观的指引下,社群成员在日常活动中将学会怎样尊重和理解他人,在社群内部营造诚实与开放的交流氛围,借此提升社群讨论内容的深度与质量。在此过程中,能以历史课程分类情况为依据设置差异化社群,进而保证不同学生的学习需求得到满足。因为高校历史课程包含非常广泛的内容,从古代文明到现代世界,从经济、政治到文化、社会,高校学生必然会存在不同的兴趣点。在此情况下,教师可以利用设置差异化在线历史学习社群的方式满足学生个性化学习需求,调动学生学习主动性。详细来讲,教师可以在充分考虑高校历史课程难度以及类别的基础上,设立高级历史学习社群、中级历史学习社群以及初期历史学习社群,满足不同层次学生学习与交流相关历史知识的需求。当然,在此过程中教师还可以根据历史课程专题对在线历史学习社群进行进一步细分,如历史地理社群、中国古代史社群、世界现代史社群等,采取此种在线历史学习社群细化方案能为学生深入钻研特定历史领域提供便利。

二、设计多样化互动形式

在建立在线历史学习社群的过程中,设计多样化的互动形式非常重要,该工作实际情况与学生参与程度息息相关,当设计出足够吸引人的互动形式后,学生往往更希望参与进来,从而使学生更好地吸收相关历史知识。首先,教师可以在在线历史学习社群中设置论坛讨论的互动形式。由教师或管理员在论坛中设置主题帖，引导学生围绕相关主题讨论历史话题，相关主题既包含对于历史人物的实际评价，如"如何评价秦始皇统一六国"，又包含对历史事件的看法，如"辛亥革命影响中国近代史的情况"等。在论坛中，学生可以自由发表自己对相关事件的看法，同时也可以浏览他人的观点，完成思想的碰撞与交流，这种形式可以帮助学生更为深刻地理解与记忆历史知识，而且教师通过了解学生评论情况，能剖析学生的思维过程与学习状态，可以作为后续调整教学的重要资料。其次，网上辩论是一种更加激烈、更加深刻的交互方式。通过对某一事件或某一意见的讨论，既可以培养学生思考的能力，又可以锻炼学生表达的技巧。在这个过程中，学生不仅要提前准备好充足的论证与历史资料，也要学习怎样把自己的想法讲得有条理、怎样才能更好地驳斥别人的观点。在实际操作中教师可以设置各种各样与课堂学习历史知识相关的辩题，如"历史是否应该为英雄所书写"等，让学生在辩论中学会如何使用辩证思维看待历史问题。最后，以小组为单位进行研究，分享研究结果，以提高学生的合作精神。此种互动模式要求学生之间就研究课题达成共识，进行数据收集、分析研究和汇报写作。例如，小组可以共同研究中国社会因为抗日战争受到了怎样的影响，各个小组成员从文化、政治、经济等层面展开分析。在此过程中，学生不但可以认识到协作的重要意义，而且可以从中汲取到其他学者的研究思路，进而拓展自身的研究领域。

三、创设丰富学习资源

构建在线历史学习社群的过程中，提供多样化的学习素材是关键，这为学生营造了一个多角度的学习氛围，满足了各种学习要求，进而显著提高学习的成效。起初，收集杰出历史教育资源是打好基础的根本。教师和社群管理者需要用心筛选和归纳一系列有益的历史文献、著作、文章等资源，并实现线上浏览与下载的功能。这些资源应涵盖历史学科的全领域，如教材内容、延伸阅读、学术研究等，使学生可以根据个人学习节奏和喜好自主选择学习材料。比如，可以提供《史记》《资治通鉴》等古籍的电子版，以及与课程紧密相关的历史研究论文汇编，让学生在闲暇时深入探究，加强对历史知识的掌握。制作历史主题的短视频和专题讲座是提升学生学习兴趣的有力途径。邀请业内教师或历史学者进行讲解，利用视频媒介把他们的知识和洞察力传授给学生。这些视频可以针对特定历史话题或知识点进行制作，如希腊文明的兴衰、文艺复兴时期的艺术成就等，以生动的叙述和丰富的视觉效果吸引学生的注意力。视频的可重复观看性也有助于学生强化记忆。举办网络历史知识竞赛是激发学生学习热情、加强历史知识记忆的互动方式之一。竞赛可以为个人或团队参与，题型可以是选择题、填空题或简答题等，检验学生对历史知识的了解程度。此类竞赛不仅促使学生在竞赛中学习，还通过游戏化的设计增添了学习的乐趣。例如，可以设计历史谜题解答挑战、历史事件排序大赛等竞赛环节，让学生在参与中自然而然地回顾和加强所学的历史知识。另外，可以开发模拟历史场景的虚拟实验和重现历史场面的交互式学习资源。这些资源通过重现历史环境，让学生在模拟体验中感受历史，从而深化对历史事件的理解。社群还可以建立一个包含各类历史图像、音频、视频材料的历史学习资源库，供学生在研究或制作报告时参考使用。

四、加强社群管理与引导

加强社群管理与引导对于维持网络历史学习小组的正向发展至关重要，这一过程有助于确保小组活动的条理性和提高学习小组的整体效能。首先，构建一套社群规则体系是维护秩序的根本。这些规则需要涵盖成员的行为守则，诸如发言标准、讨论礼节、学术诚信等方面，以保持沟通的秩序性，打造一个尊重学问和彼此尊重的理想学习环境。这些规则的制定不仅对成员行为设立标准，也为小组的持续成长提供了制度化的支撑，确保小组沿着健康的方向发展。其次，邀请资深教师和杰出学生担任管理职务，这对于提高管理效率极为关键。资深教师以其深厚的学术功底和教学能力，能有效地引领讨论，保证话题的深度与广度，并且能在专业问题上给予学生权威性的解答。杰出学生作为管理者，不仅能起到表率作用，还能从同龄人的角度更好地理解学生的需求，辅助教师解决学生在学习过程中所遇到的难题。最后，定期开展线上互动活动是增强社群凝聚力、促进成员间沟通与协作的有效方法。这类活动包括线上研讨会、学术论坛、阅读小组等，通过这些定期活动，小组成员可以加深相互了解，建立良好的学习关系。同时，这些互动也能激发成员的创造力，促进思想交流，进而提升小组的学术层次。通过参与这些活动，小组成员能感受到强烈的归属感和集体荣誉感。

第五节　信息技术手段在历史教学评价中的创新应用

近年来，各种信息技术迅速发展，越来越多的人开始尝试在教育领域中应用信息技术，极大地拓宽了教育事业的发展路径。教学评价是教育教学过程中的重要环节，其评价结果能反映学生学习实际情况，根据相关评价结果教师可以有针对性地调整与优化课程教学。在高校历史课程教学中，教师应该尝试在教学评价中应用信息技术手段，进而保证自身更为全面深入地了解学生实际的学习情况。结合相关教育实践可知，在高校历史教学评价中应用信息技术手段具有评价内容多维化、评价效率高、评价形式多样等优势。

一、优化课前评价环节

课前评价主要的指标为学生自主学习情况，当教师有效开展课前教学评价时，其能更好地掌握学生在学习相关历史知识内容时面临的困惑，并将更多课堂时间用在解决学生实际困惑方面，从而使高校历史课程教学达到预期效果。在传统的课前预习环节中，教师很难真正准确地评价学生自主学习的实际情况。在实际教学过程中，教师为了了解学生自学情况大多会设置课前提问环节，这在一定程度上缩短了课堂教学时间。想要避免此类问题，教师可以利用信息技术开展课前评价工作。教师可以在课前阶段将相关课件资料传送到信息平台上，要求学生在平台中完成课前预习工作，这不仅能督促学生课前进行有效预习工作，而且学生的预习情况也会通过数字的方式展示出来，在此情况下教师能更为全面深入地了解学生的预习情况。当教师提早掌握学生的学习情况后，就能更为精准地锁定相关课堂教学的重点与难点问题，对原有教学方案进行合理调整，而且在课堂教学中，教师还能根据学生的困惑实施有针对性的指导。教师也可将课前测试题通过网络平台发送给学生，学生在预习完课本中的相关知识点后，在网络平台中解答相关测试题。教师在网络平台的支持下，可以了解学生解答各个测试题的实际情况，找出学生普遍存在错误的问题，在课堂教学中进行解决。结合学生课前习题作答情况，教师可以实施个性化教学与调整教学策略。由此可知，合理应用信息技术除了能提升教师课前评价效率外，还能作为教师开展高校历史课堂教学的重要依据。

二、优化课堂评价环节

在落实高校历史课堂教学工作时，教学评价同样扮演着非常重要的角色，在其支持下教师能精准把握学生理解高校历史知识的程度以及实际学习情况，进而对教学策略进行合理调整。在课堂教学中，教师同样可以引入网络平台，并要求学生在网络平台上解答自身预先设置的问题。在此情况下教师可以及时了解学生解答相关问题的实际情况，与常规的问题回答方式相比，此种方式具有更高效率。同时，教师可以利用自身已经掌握的后台数据设计集体研讨活动，让学生进行沟通与交流。以此为前提，教师还可以在课堂中融入多元化评价手段，包括但不限于概念图、在线测试等，实时展示学生在课堂中的学习情况。在此过程中，信息化技术手段能为教师开展教学评价提供极大的便利，如针对学生考勤问题，可以综合运用二维码技术和手势识别技术加以解决。在实际操作中，教师还可以使用信息技术深入分析学生学习状态、答题反应等行为，提升学生在课堂教学中的规范性。除此之外，教师还可以利用信息技术收集学生对自身教学表现的看法，确认自身所用的教学方法、教学态度是否存在不合理之处，为教师调整与完善自身教学策略提供依据。

三、优化课后评价环节

高校历史教师在完成课堂教学活动后，同样需要实施课后评价工作。课后评价的主要目标是系统全面地了解学生掌握相关历史知识与技能的实际情况，借此加深教师对学生实际情况的掌握程度，合理调整后续教学工作。在课后评价环节，教师可以构建信息化学习平台，结合课堂中教导的历史知识布置各式各样的课后作业，如测试题、小组合作任务等，从多个方面入手锻炼学生，在此过程中教师可以使用信息技术自动完成批改学生作业的工作，以此提升课后评价结果的时效性。另外，借助相关的软件，也能对学生进行科学的监控，对学生进行诚信等良好素质的培养。在信息技术平台的强大作用下，教师可以轻松、快速地将各种教学资源上传，从而指导学生积极地进行课外强化学习。这样的方式可以根据学生的实际学习时间、完成作业的质量和他们的思想品质的表现等多个方面来决定。最后生成一份真正有效的学生课后考试结果报告。教师还可以为每位学生建立一个个性化的电子档案数据库，这样就可以对每个学生的学习进程进行实时记录和追踪，并进行精确的评估。同时，教师还可以依据评估的结果，制订相应的引导策略，让课后评估更好地发挥"以评促学，以评促教"的重要价值。利用现代信息技术对课后评估进行改进，既能使评价的内容更加充实，又能以更严谨、更快捷的方式对数据信息进行系统的分析，使教师能够全方位、精细化地了解和掌握每个学生的学习状况。

第九章　培养创新精神与实践能力，深化历史教学内涵

第一节　设计创新性历史学习任务，激发创造潜能

新课标与新课改中指出，高校应该培养在多种情景下能够解决各种问题的人才。在培养此种新型人才的过程中，任务驱动式教学能发挥非常好的作用，在此种教学模式中师生均居于主体地位，不但可促进师生共同发展，还能构建较为平衡和谐的师生关系，进而营造出更具趣味性的历史课堂，使教与学均达到较为理想的状态。在运用任务驱动式教学的过程中，教师需要按照如图 9-1 所示流程开展工作。

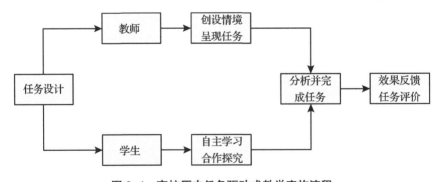

图 9-1　高校历史任务驱动式教学实施流程

一、构建多元化历史情境

现今，国内很多教育学者都强调了在教学中情景法教学的重要作用，心理学家布鲁纳认为，当将学习者置于适宜的问题情境中时，其会更好地经历

学习材料的发展过程，这对学习者来说是非常重要的经历。高校历史教材中记载的都是已经发生过的事件，虽然不能再现相关事件，但是教师可以使用多媒体设备，在课堂教学中呈现相关历史情境的视频、图片等，进而构建出多功能、多元、多结构的教学情境，使学生在学习历史知识的过程中形成独属于自身的见解，更为深刻地接触与感悟历史，激发学生学习兴趣。同时，教师还可以在历史教学中加入学生现实生活案例与社会实证热点，并结合实际情况构建出较为真实的历史情境，促使学生能更为主动地参与到历史课堂中。例如，在开展鸦片战争相关内容教学时，因为对学生来说该历史事件已经较为久远，学生很难真切感受到当时的情景，提升了其理解相关知识点的难度。在此情况下，教师可以利用多媒体设备呈现清朝当时的社会现象，借助多个感官影响学生，使学生可以更为深入地了解相关历史知识。在此期间，教师需要及时发布历史学习任务，在情境教学法的调动下，学生大多能非常积极地面对任务，从而在一定程度上提高任务执行与完成的质量。

二、设计创新性历史学习任务

在学生学习高校历史知识时，任务属于重要的驱动力，因此教师需要在整个教学过程中合理融入历史学习任务。设计相关历史学习任务时，教师需要充分考虑学生现有的生活经验与认识水平，根据教学目标和课程标准中的要求进行设计。当创设相关历史情境后，学生的注意力和兴趣已经被充分调动起来，紧接着教师应该发布学习任务，并带领学生深入分析任务内容，搭建其课堂教学的基本框架。学生的思维能力处于不断发展的过程中，在设计相关学习任务时也应采取分层方式，引导学生使用已经掌握的知识分析问题，同时加深学生对新知识的学习。在此过程中，设计创新性历史学习任务是最重要的工作内容。以鸦片战争教学内容为例，教师可以布置两个历史学习任务：第一，课后收集与鸦片战争相关的资料，列举出相关列强侵华事件；第二，对自身收集到的资料进行整理，列举出该时期内的大事年表，并谈一谈自身的感悟。当布置以上两个历史学习任务后，学生会自觉在课余时间收集相关资料，在此过程中其对列强侵华事件有了更深入的了解，从而培养了学生的价值认同与家国情怀。

三、学生运用多种形式完成任务

当教师布置完相关历史学习任务后，应该先让学生自主开展研究工作，充分重视学生在学习过程中的主体地位，针对在初期制定的较为简单的任务，应引导学生结合素材寻找答案，主要让学生运用已经掌握的知识完成任务。在任务难度越来越高的过程中，学生要想独自完成任务存在一定困难，在此情况下，教师可以将学生划分成若干小组，通过群策群力思考解决问题。若是有小组成员在合作后依然无法顺利完成任务，教师应为其提供适当的引导，但是不能直接将答案公布出来，而是以为学生提供提示与线索为主，促使学生将原本复杂的任务转变成一定数量的小任务。

在该过程中教师扮演着引导者与支持者的角色，当学生在完成任务过程中面临阻碍时，教师需要及时给予适当指导，教师需要密切关注学生整个探讨过程，当发现存在较大错误时应及时调整，实现对课堂教学过程的整体把握。

四、评价与反馈主体多元化

在实施任务式驱动教学的过程中，评价与反馈属于最终环节，保证评价与反馈的合理性能帮助学生更加全面、深入地了解自身完成历史学习任务的实际情况，并且发现自身在学习过程中存在的不足，不断总结相关经验。在任务评价方面，教师应引入多元化的评价主体，除了传统的教师评价外，还应引入组组互评、生生互评以及学生自评等多种形式，评价重点放在学生完成学习任务的实际情况与学生自主学习和合作学习能力上。因为该评价方式的主体较多且评价标准涉及多个方面，与传统的教师主体评价相比能更好地呈现学生的实际学习情况。在评价中学生同样居于主体地位，在评价标准方面应更加重视学生创新发展、交流沟通以及合作探究等方面的能力。从多角度关注学生实际发展，使学生能及时察觉自身存在的问题，并持续优化自身现有的学习方法。

以反馈主体为划分依据，反馈工作还可以划分为小组反馈、个人反馈两种。小组反馈就是学生以小组为单位开展汇报工作，主要汇报内容为经过讨论得到的结果。学生反馈就是学生仅代表自身汇报完成相关任务的成果，在汇报时可以采取口头汇报与书面汇报两种方式。例如，在分析新航路开辟影响世界历史的情况时，教师可以引导学生组成小组展开合作探究，并运用相关史料与自身掌握的知识展开深入分析。在各小组内部进一步划分相关任务，留出足够的时间供学生讨论，在讨论完成后要求学生汇报讨论的结果。在学生讨论相关任务时，教师应提供专业的指导，防止学生认识方向存在较大偏差，从而使学生掌握分析相关史料的能力。

第二节　鼓励学生参与历史课题研究与创作活动

根据教育实践可知，高校历史教学主要存在思想教育、传授知识以及培养能力三个方面的目标。要想保证以上目标顺利实现，不但需要教育工作者完成工作任务，对学习者也有一定的要求。在学生参与历史知识学习后，只有在思想素养、历史知识以及学习能力等方面均得到提升才是真正意义实现了高校历史教学目标。简单来讲，需要通过学生学习与发展情况来展示教师完成高校历史教学任务的情况。

通过分析现代教育理论可知，在教学期间学生居于主体地位，教育从本质上来说就是为了加强学生学习、促进学生发展，在高校历史教学中也是如此。学生学习历史不是单纯地让其了解历史中发生的时间，也不是要求其按照课本中的内容与教师的教导分析历史事件，而是让学生在了解历史实际情况的基础上，深入了解和分析历史人物的做法和心意，从而逐步加深其对历史的认识，运用新时代的思维方式解答历史问题。在高校历史教学中研究性课题教学活动属于学生在学习历史时重要的研习活动，其能为学生提供接触和探索历史的机会，可以在强化高校历史教学效果方面发挥重要作用。所以，在开展高校历史教学时，想要更好地培养学生的创新精神与实践能力，需要教师鼓励学生参与历史课题研究与创作活动。

一、提高课题研究与创作活动的实用性与趣味性

想要推动学生创新精神与实践能力共同发展，教师需要保证课题研究与创作活动的实用性与趣味性。在开展实际工作时，教师应该与自身现实生活情况相结合，选择具有时代特色的历史课题。教师应密切关注社会热点问题，有效联系现实与历史，鼓励学生从历史视角出发分析当前社会问题，从而保证课题研究与创作活动具有重要的现实意义。在对辛亥革命的历史意义进行研究时，需要将我国当前政治体制改革作为重要考虑因素，使学生深入

分析历史事件对现代政治制度的影响，借此保证课题具有一定的实用性。同时，教师应创新课题研究形式，使相关活动内容变得更为丰富。教师应合理运用辩论赛、角色扮演以及历史场景模拟等形式，为学生营造轻松愉快的历史学习氛围。例如，当教学内容为抗日战争时期的历史事件时，教师可以鼓励学生自主创作抗日情景剧，因为在学生编排相关内容时需要收集大量抗日战争时期的人物以及事件资料，确保课题具有一定的趣味性。另外，教师应重视跨学科融合。教师可以引导学生结合历史课题与其他学科知识，如艺术、经济、文化以及政治等，提高课题研究的深度与广度。例如，当研究主题为古代丝绸之路的历史意义时，教师可以在其中融入艺术、地理以及文化等学科的内容，使学生从多个视角入手明确丝绸之路在东西方文明交流过程中发挥的重要作用。

二、强化过程管理与指导

为了保证高校学生能更好地参与到历史课题研究与创作活动中，教师需要重视过程管理与指导工作。首先，教师应结合实际情况确定研究目标并对研究任务进行细化。当开始进行课题研究时，教师应该与学生共同明确研究目标，同时将整个研究目标合理划分成一定数量的子任务，为学生指明研究方向。在相关研究任务确定后，需要制定完善的时间表与研究计划，保证学生在所有阶段都能有序地推进研究进程。教师还需要对学生的研究进度进行定期检查，及时为学生提供指导并帮助其解决问题。其次，应该重视指导研究方法的工作。针对各种类型的课题，教师应教给学生最适宜的研究方法，如常见的数据分析、实地考察、访谈以及文献研究等，帮助学生掌握科学的研究手段。在开展研究工作时，教师应密切关注学生运用相关方法的情况，及时帮助学生进行研究方案调整，为学生顺利突破研究瓶颈提供助力。在此过程中，教师还应该构建专门的交流平台，如利用微信、QQ等与学生进行交流，鼓励学生在相关平台分享自己的研究心得。同时，教师需要借助相关交流平台及时回答学生提出的疑问。在进行课题研究与创作活动时，教师应将学生心理变化作为关注重点。在此过程中学生可能遇到各种困难和挫折，有较大概率会出现负面情绪，教师应与学生建立密切联系，了解学生心理变化，利用激励、鼓励、陪同等方式，帮助学生快速稳定心态，保证学生拥有继续开展研究的动力。

三、建立多元化评价体系

在鼓励学生参与历史课题研究与创作活动期间，建立多元评价体系非常重要。在相关评价体系中应充分考虑学生创新个体差异、创新能力、研究过程以及成果质量方面的因素，从而公正、全面、客观地进行学生评价。首先，在评价体系中应该有机结合终结性评价与过程性评价。其中，终结性评价应该将学生研究成果的实用价值、质量以及创新性作为评价重点，主要是考虑其研究成果，确定学生实现研究目标的情况。过程性评价则是将学生参与课题研究与创作活动期间的问题解决能力、研究方法运用、团队合作以及参与程度等作为关注重点，注重学生在研究期间的实际表现。其次，在评价过程中应引入多元评价主体，包含专家评审、学生自评、同伴互评以及教师评价等。专家评审主要是从专业角度评价学生成果的实际价值；同伴互评与学生自评能提升学生的团队协作能力和自我认知，调动学生主观能动性；教师评价主要是帮助学生正确认识自身存在的优势与不足。最后，设置灵活的评价标准。在了解学生对基础知识实际掌握的同时，重视学生提升综合素质、创新能力以及实践能力。例如，在对学生历史课题研究成果进行评价时，教师可以选择成果使用价值、论据充分性、论证逻辑性、研究方法科学性等作为评价标准。除此之外，教师需要重视评价结果的应用，针对在历史课题研究与创作活动中具有优异表现的学生，教师应给予其肯定与奖励，使学生始终保持较高的积极性和较大的兴趣。同时，对于表现较差的学生，教师应该使用温和的语气指出其不足之处，并为其指明未来的改进方向，推动学生持续进步。

第三节　举办历史创新大赛，展示学生创新成果

在新时代各学段教学中，培养学生创新精神与实践能力都属于非常重要的内容，而历史属于一门综合型学科，除了包含丰富的文化底蕴外，还拥有着无尽的创新可能。在高校历史教学过程中，教师应结合学生发展需求举办历史创新大赛，借助此种形式的活动不但可以调动学生学习历史知识的积极性，还能提升学生的创新与实践能力。

一、大赛筹备策略

在筹备历史创新大赛期间，教师首先需要明确大赛的目标和主体，在确定主体时应该充分考虑历史学科的特点与新时代社会的热点，培养学生从历史视角出发分析实际问题的能力。同时，可以将提升学生历史素养、创新能力、实践能力作为大赛目标，从而推动学科发展。出于实现这一目标的目的，教师需要编制完善的评分标准与比赛规则，保证所有参赛作品与历史价值和创新精神的内核相符。其次，在制定大赛方案方面，教师需要充分考虑评审团队、时间阶段、参赛对象以及比赛流程等。在筹备创新大赛时，教师应将整个比赛分为四个阶段，并为每个阶段分配合理的时间，为后续顺利完成整个大赛提供保障。参赛对象主要为高校内部学习历史的所有学生，并且指出不同年级、不同年龄的学生组成一个队伍。评审团队主要邀请社会知名历史学者与校内历史学科专家，确保评审的专业性与公正性。在筹备过程中可以设计微电影制作、历史论文撰写以及历史小品表演等多种比赛形式，从而有效调动学生参赛的积极性。最后，教师应该组建一支专业的大赛筹备团队，团队成员包含高校行政人员、教师以及学生等，每个人负责不同的工作。行政人员主要负责协调大赛所用设备、资源以及场地等；教师负责从专业角度指导大赛正常进行；学生负责策划、宣传等工作。相关人员应重视各个部门的合作与沟通，密切联系团委、教务处、学生处等部门，尽最大努力获得资源、政策方面的支持。

二、大赛宣传推广策略

为了保证历史创新大赛能吸引足够多的学生参与，相关人员需要使用以下宣传推广策略。首先，相关人员应该合理利用高校现有的媒体资源，将历史创新大赛相关信息发布到微博、校园网站、微信公众号以及校报等平台上，主要宣传内容为大赛的奖项设置、参赛对象、比赛形式以及大赛主题等，保证所有学生和教师能及时了解相关信息。同时，相关人员还应在校园内部人员密集区域张贴大赛宣传海报，如宿舍、教学楼以及食堂等，进一步扩大大赛的影响力。其次，相关人员应强化各年级、各学院的沟通与合作，与各学院的班主任和辅导员沟通，向所有高校学生传达大赛信息，吸引更多高校学生参赛，提升相关赛事的影响力。在此过程中还应借助各年级学生干部的力量，发挥他们在同学中的示范带头作用，进一步加大大赛宣传力度。最后，相关人员可以举办各种预热活动。在大赛正式开始前可以组织历史题材电影展播、历史知识竞赛以及历史讲座等活动，在高校内营造良好的历史学习氛围，完成大赛预热。

三、组织实施大赛并展示学生创新成果的策略

在组织实施历史创新大赛并展示学生创新成果的过程中，教师应该与筹备团队配合对各个环节进行规划，借此保证大赛能顺利推进，在最大程度上帮助学生感受历史学科与创新能力的魅力。首先，大赛组织者应严格按照事先确定的流程与时间节点组织大赛，确保从报名到决赛的所有阶段的任务分配和时间节点都足够明确，并且为评审团留出足够的时间全面地分析学生的历史作品。其次，在收集和筛选参赛作品方面，需要构建起一套合理的评价体系，保证符合相关标准的作品都能通过初期审核。在决赛阶段，可以采用现场展示和答辩的形式，让学生有机会向评委和观众详细解说自己的作品，这不仅是对学生表达能力的锻炼，也是对其创新思维的一种展示。为了更好地展示学生的创新成果，大赛应设置多样化的展示平台，包括实体展览和网络平台，使学生的作品能得到更广泛的关注和认可。在成果展示的过程中，还应鼓励学生互动交流，通过研讨会、问答环节等形式，促进学生之间的思想碰撞和知识共享。此外，对于特别优秀的作品，应考虑将其转化为实际应用，如推荐发表、展览或进一步的研究项目，以此激励学生的创新热情。在整个大赛过程中，教师和筹备团队应不断收集反馈信息，及时调整大赛的组织实施策略，确保大赛能达到预期的效果。最后，大赛结束后，应组织一次全面的总结会议，邀请所有参与者和评审团成员共同反思大赛的组织流程、成果展示效果以及学生的参与体验，从中吸取经验教训，为未来大赛的改进提供参考，以此不断深化历史教学内涵，提升学生的创新与实践能力。

第四节　利用社会实践机会，开展历史实地考察活动

在高校历史教学过程中，历史实地考察活动属于重要组成部分，其是促进学生将课堂理论知识与社会实践结合的重要途径，借助相关活动能提升学

生的历史感知以及实践能力。借助实地考察，学生能更为清晰直观地了解历史事件的发生背景、过程以及影响，从而更为深刻地理解和记忆历史知识。此外，利用此种活动能在培养学生问题解决能力、创新能力以及团队协作能力方面发挥重要作用。

一、历史实地考察活动的筹备

在筹备历史实地考察活动的过程中，教师首先需要以高校历史课程内容与教学目标为依据，选择同时具备教育意义与代表性的纪念馆以及历史遗迹等作为考察对象，保证考察主题与教学大纲之间存在较为密切的联系。之后，教师需要制订科学合理的考察方案，具体为参与人员的工作职责、详细的时间节点、考察地点的选定、考察的目的以及预期达到的教学效果等。同时，还需要对考察的行程安排做出详细规划，包含参观路线、交通方式以及住宿餐饮等，而且需要制定保护学生安全的措施，以此保证学生能够安全完成考察活动。在准备阶段中，教师应根据考察主题收集相关的历史资料等，将相关资料整合成预习资料，借助相关资料要求学生开展预习工作，从而保证学生在进行实地考察前可以初步了解和认识考察对象。教师应在严格遵守高校相关要求与规定的基础上，将实地考察活动的申请提交给负责部门，按照相关审批流程办理手续，包含活动安全预案的备案、活动预算的审批等，保证历史实地考察活动符合规范性与合法性的要求。借助以上详细的筹备措施，能为顺利完成历史实地考察活动打下良好基础。

二、历史实地考察活动的实施

在实施历史实地考察活动期间，教师需要组织学生参与考察前培训工作。落实该工作时，教师需要详细讲解组织考察活动的意义与目的，向学生介绍在考察过程中需要注意的问题，并针对学生实施安全教育，保证所有学生都能对历史实地考察活动形成正确认知并做好相关准备工作。之后，教师需要严格遵循事先制定的考察方案，带领学生前往事先选定的纪念馆以及历史遗迹进行考察。在进入考察地点后，教师需要详细指导学生如何科学合理地进行观察，并且要求他们利用文字记录下自身的感悟，并结合实际情境深入思考自身学习的历史知识。

在进行实地考察时，教师要重视考察期间的互动工作，借助有效的互动调动学生学习的主观能动性，引导学生在参观过程中提出问题、共同讨论，进而使知识的交流与共享变得更加密切。在现场，教师应该耐心地解答学生提出的各种问题，同时巧妙地引导学生以历史问题为中心展开深入的探讨，锻炼学生独立分析问题的能力与批判性思维。此种互动不但能提高学生理解历史知识的程度，而且能培养学生团队合作和沟通能力。在实地考察活动中，最后的总结环节也非常重要。教师应该组织所有学生一同参与总结环节，为学生搭建抒发自身感悟的平台。在此过程中所有学生都有机会表达自身的感受与观点，此种感悟交流不但能使考察成果变得更加稳定，而且能推动学生之间相互学习。不仅如此，教师还应指导学生撰写考察报告，将学生在实地考察中获取的感悟体现在书面上，进一步锻炼学生的书面表达能力与研究能力。在撰写实地考察报告的过程中，学生将会重新梳理在实地考察过程中各项收获，最终形成独特的见解，以此将相关历史知识内化于心。

三、历史实地考察活动的评价与反馈

在历史实地考察活动的评价与反馈环节，教师首先需要从全方位、多维度入手评价学生在历史实地考察活动中的表现。教师以学生在考察期间的团队协作能力、参与度以及学习态度等方面的表现为依据准确开展评价。在参与度方面，教师需要观察学生在考察活动中是否积极主动，能否自主参与到讨论、观察以及记录等工作中。在学习态度方面，教师则应从学生对待考察活动的认真程度方面入手，确保其能主动学习与探究历史知识。在团队协作能力方面，教师则应主要评价学生在参与活动时与其他同学的沟通情况。此种评价除了重视学生掌握知识的程度外，还兼顾了学生实践能力以及综合素质的提升。

其次，针对学生提交的实地考察报告，教师应该从创新性、内容、观点、结构等方面做出精准评价。在创新性方面，教师要思考学生在撰写相关报告时是否独立思考，且在报告中是否提出了新颖的研究视角与观点；在内容方面，教师主要应考察信息准确性与文字充实性；在观点方面，教师应考量学生是否基于自身掌握的知识提出独特的观点；在结构方面，教师主要是检查报告是否条理分明、逻辑清晰。在实施此种评价模式后，学生在撰写报告时将更注重写作的广度与深度，从而锻炼学生的创新与研究能力。

最后，想要持续提升历史实地考察活动的质量与效率，教师需要有效组织反馈与改进环节。在该环节中，教师需要从其他教师以及学生处收集关于

历史实地考察活动的意见，相关意见主要涉及考察活动的评价、组织以及实施等方面。教师在认真分析与总结相关反馈后，可以发现活动中存在的问题与不足，从而为下次策划相关活动提供宝贵经验。在此过程中，教师还应结合反馈情况对高校历史教学策略进行调整，优化考察活动组织计划，从而为学生提供更为广阔的学习与发展空间，实现教学相长。

四、历史实地考察活动的拓展与应用

在完成以上工作后，高校历史教师还应利用拓展与应用历史实地考察活动的方式改进原有教育教学模式。在新时代，高校历史教育已经打破了课本知识的局限，明显更为关注体验性与实践性的问题。在高校历史课堂中利用实地考察活动成果，能提高高校历史教学质量。在此过程中，教师需要合理利用学生在实地考察中各种经历，并将其作为第一手资料展开教学设计，使教学内容变得更加灵活生动。首先，教师应该在课堂教学中引入学生在实地考察中的所见所闻，借此使教学内容变得更加丰富。在实地考察过程中，学生会亲自看到文物古迹以及历史遗迹等，在课堂教学期间教师需要鼓励学生分享自身在考察期间的奇闻趣事，并与同学分享相关事物背后的历史故事，营造出轻松愉悦的课堂氛围。同时，教师可以在多媒体设备上展示相关考察视频与照片，使学生能有更加深刻的记忆，并提升其理解课本知识的深度。其次，教师应积极举办成果展示活动，借此肯定与鼓励学生，提升学生学习积极性。教师应组织学生展示自己的心得体会、考察报告以及相关摄影作品等，在为学生提供展示自身才华的机会的同时，激发其他学生参与历史实地考察活动的兴趣。在展示相关成果时，学生可以互相交流学习，取长补短，以此促进学生共同进步。最后，教师应该重视实践活动拓展工作，借助该举措有机结合历史教育与实地考察。以历史实地考察活动为依据，组织历史主题教育活动、历史讲座以及历史研讨会等，借此促进历史教育内涵进一步深化。

第五节　建立历史创新实验室，提供实践平台与资源

建立历史创新实验室，主要目的是为高校学生提供实践平台与丰富的资源，从而促进历史教学内涵向更深处延伸，提高学生的创新与实践能力。在历史创新实验室的支持下，学生能在实际操作中使用自身掌握的历史知识，

相对来说此种教学方式更为生动、具体，可以有效吸引学生的注意力，并使其拥有较高的历史学科素养。

一、明确历史创新实验室建设目标

建立历史创新实验室主要目标是建立一个全方位、多功能的历史学习环境，其详细建设目标如下。首先，搭建起一个集创新、研究及实践于一体的历史学习平台。该平台可以作为学生深入学习历史知识、激发创新思维及锻炼实践能力的场所，在不断的实践中学生对于历史学科的理解水平也将逐渐提升。其次，实施校内外历史教育资源整合工作，更加高效地利用资源。在历史创新实验室的支持下，能更有效地汇集与使用高校内部掌握的历史教学资源，具体包含数字化资料、图书以及档案等，促进学生学习素材向着多元化、丰富化方向发展。再次，培养学生独立思考、团队协作、实践创新的能力。历史创新实验室将为学生提供自主探究、合作交流的空间，鼓励学生在实践中发现问题、解决问题，从而培养他们独立思考的能力，加强团队协作精神，提升实践创新能力。最后，为融合历史学科与其他学科提供便利，促使学生学术视野变得更加宽广。历史创新实验室同样可以当作一个跨学科交流平台，在该平台中历史学科能与艺术、哲学、社会学等学科深入互动，使学生形成跨学科的知识体系，支持新时代复合型人才培养工作。

二、规范落实历史创新实验室建设工作

在落实历史创新实验室建设工作时，教师需要进行规划各项建设工作。在空间布局方面，教师应该在最大程度上利用实验室空间，将实验室合理分成展示区、讨论区以及研究区等多个区域，并根据各个区域的功能设计布局。其中展示区主要是作为展示学生创意作品与研究成果的区域，讨论区主要是用于学生日常交流，相对来说研究区最为重要，在该区域中学生需要对各种历史问题展开深入探讨，因此需要安静的环境。在配备相关设备方面。教师需要根据高校历史教学内容购置适宜的图书资料、研究设备以及实验器材，保证学生具有充足的资源用于实践。在这些设备中还应包含专业图书检索系统、历史文物复制模型以及数字化展示设备等，借此保证学生能在实验室中完成各种各样的历史学习与研究活动。在软件资源方面，教师应向高校申请建立历史学科数据库，在数据库中储存各种与历史相关的视频、文献以

及图片资料，为学生高效利用与查阅相关资源打下坚实基础。在构建相关数据库时，必须全面考量学生的实用需求与习惯，实现资源的在线学习、分类管理以及智能检索等，为学生提供新的历史资料获取渠道。另外，教师应重视课程体系建设工作，主要是构建包含历史创新思维、研究方法以及实践操作的多元化课程体系。该课程体系应将培养学生综合素质作为入手点，在有机结合理论教学与实践操作的基础上，在向学生传授历史研究方法的同时，引导和鼓励学生进行实践操作，加强学生创新思维培养。在高校历史课程内容中，除了要包含基础的历史学理论外，还应该及时引入最新的史学研究成果和技术手段，以此推动高校历史教育不断向前发展。

三、科学运用历史创新实验室

在培养学生创新精神与实践能力的过程中，科学运用历史创新实验室非常重要。教师应在最大限度上发挥历史创新实验室的功能，使其紧密联系课堂教学。在运用历史创新实验室开展高校历史教学工作时，教师应在充分考虑教学内容与学生现实情况的基础上，设计多种形式的实验项目，使学生借助相关历史知识展开实验操作。在开展实际教学时，教师可以采用以下七种方式使用历史创新实验室。第一，实施项目式学习。教师可以要求学生以小组为单位进行研究某一历史课题的工作，在实验室内，学生能利用实践操作、查阅资料、讨论交流等多种方式深入分析相关课题。在参与此种项目式学习的过程中，学生的创新思维、团队协作能力以及解决问题的能力均得到一定程度提升。在此过程中，教师应该将自身代入监督者和引导者的角色，为顺利推进项目提供保障。第二，开展情境教学。在历史创新实验室资源的支持下，构建相关历史场景，让学生能亲身体会到历史文化的魅力。例如，借助重现历史场景、模拟历史事件等方式，让学生在实践中感受历史，促使学生拥有更高的审美和历史感知能力。第三，推行自由探索的实验室模式。历史创新实验室需要采用开放式的管理模式，确保学生课余时间也能自由进出，开展自主探究。这种自由探索的实验模式有助于激发学生的学习热情，使他们在愉悦的环境中深化对历史知识的理解。教师可以规划一系列研究课题，鼓励学生根据个人兴趣选择课题，并独立策划实验方案，从而培养学生的创新思维和动手能力。第四，促进学科交叉融合。历史创新实验室作为跨学科的交汇点，可以与其他学科实验室协作进行项目研究，助力学生在跨学科的背景下提升综合素养。例如，历史专业的学生可以与艺术、考古、计算机等专业的学生一起探讨历史议题，通过跨领域的交流互动，扩展学生的学术视野。第五，组织学术交流盛会。教师可以在历史创新实验室定期举办学术讲座和研讨会等，邀请校内外的专家、学者交流最新的研究成果，促进学生与专家的对话，提升学生的学术水平。同时，激励学生将个人的研究成果在实验室展示，增强他们的自信心。另外，教师还需要留意学生在实验室的学习进展，及时提供指导和反馈。一方面，教师要关注学生的实验操作是否规范，保障实验安全，培养他们严谨的科学态度；另一方面，教师要引导学生将理论知识与实践操作结合，提升他们分析问题和解决问题的能力。第六，运用现代信息技术提升教学效果。在历史探索实验室，教师可以充分利用现代信息技术，如虚拟现实、增强现实等技术，为学生提供更加多维和立体的学习体验，帮助学生更直观地感知历史现场，深化对历史事件的认识。第七，构建全面的评价机制。在历史探索实验室的教学过程中，教师应构建一套涵盖多方面的科学评价体系，既重视学生的实验成果，也关注学生在实验过程中的表现。该评价体系应包含学生自评、同伴评价及教师评价等多个维度，全方位体现学生在实验室的学习成效。

第十章 高校历史课程与其他学科的交叉融合教学

第一节 历史与语文的融合教学策略与实践

现今，文史融合理念认同者越来越多，在新课标中明确指出核心素养后，历史与语文之间出现了越来越紧密的联系，特别是在核心素养深度融合方面表现非常突出。在高校历史课程中语文核心素养具有重要意义。

高校历史与语文融合教学具有重要价值，其价值主要体现在以下三个方面：第一，对中华优秀传统文化传承与弘扬有力。对文化来讲历史属于其重要载体，高校历史教学能帮助学生深刻感悟历史悠久的中华文化。语文学科中的文学经典、传统文化知识等都可以作为高校历史教学中的重要素材。在高校历史教学中融入语文学科内容，能加深学生了解中华文化内涵与渊源的程度，可以在培养学生民族自豪感与文化自信方面发挥重要作用。第二，对学生历史思维培养有利。历史思维是一种以逻辑、史实为基础实施判断与思考的能力，语文学科中的逻辑思维、批判性思维等可以助力学生历史思维发展。有效融合高校历史与语文学科，学生能运用所学的语文知识研判以及分析历史事件，逐步提升学生解决问题与独立思考的能力。第三，对提升学生历史理解能力有利。高校历史在本质上属于一门叙述性学科，其是呈现过往人物以及事件的载体，而语文学者能锻炼学生写作以及阅读方面的技能，当学生掌握相关技能后可以更加深入地理解、分析历史材料。在高校历史教学中有效运用语文学科的知识与方法，学生对于历史事件的分析将变得更加深入，充分掌握历史事件的起因、经过以及结果，从而更为全面地认识历史。

一、整合教学内容

高校教师在实施历史与语文融合教学时，首先需要实施教学内容整合工作，这就要求教师在进行历史教学时从多个角度挖掘历史与语文学科之间的内在联系，为两者融合提供便利。在选择教学内容方面，可以选择具有代表性的文化现象、历史事件以及人物，从语文学科角度对其展开分析与解读。当教学内容为古代文学作品时，教师可以适当介绍与之相关的创作环境、历史背景以及作者资料等，促使学生对作品的价值和内涵形成更加深刻的理解。在此过程中，教师也能从历史角度出发深入阐释文学作品中的人物形象与历史事件，增进学生对历史时代特征与发展脉络的了解。例如，在开展辽宋夏金元时期的历史教学时，教师可以在课堂教学中使用语文学科的相关历史记载与诗文等，在深入解读相关素材的过程中，加深学生对该时期的社会情况与民族关系的了解。在实际教学中教师可以在课堂中展示《念奴娇·赤壁怀古》等诗文，增进学生对当时历史氛围的感悟，体会各个民族之间的融合与交流。在此过程中教师还可以利用历史图表、地图等辅助材料，让学生更加直观地感受在该时期内的历史发展脉络。

二、创新教学方法

想要有机融合高校历史与语文教学，教师还应该重视教学方法创新工作，从而使学生拥有更高的学习主动性。在开展教学时，教师可以使用以下教学方法：

（一）多样导入，激发兴趣

在高校历史课堂导入环节中，为了使教学内容变得更加丰富多彩，教师在导入环节中可以融入语文学科相关教育资源，提升课堂导入对学生的吸引力。教师使用较多的方式有展示历史文物图片、讲述历史故事以及播放历史纪录片片段等，进而在课堂中创造良好的历史学习环境，调动学生探索以及学习相关历史知识的欲望。在此过程中，教师也可以使用语文教学内容中的散文、诗词等文学作品，让学生在朗读和背诵相关作品的过程中感受历史，为后续深入学习构建有利环境。例如，当教师开展"五四运动"相关教学时，可以在课堂导入环节中运用语文知识，导入毛泽东《沁园春·长沙》这一作品，该作品中展示了青年学生的远大抱负，与"五四运动"中青年学生的坚强勇敢和爱国热情相呼应。利用此种方式导入高校历史教学内容，学生能更加深刻地体会到该时期内学生的精神风貌，从而支持后续历史知识学习。

（二）创设情境，深入探索

在实施高校历史与语文融合教学时，教师应该合理利用创设历史情境这一教学方法。在实际开展教学时，教师可以组织扮演历史角色、模拟历史场景等活动，让学生亲身参与到相关历史事件中，以此深入了解和掌握历史事件的发展过程及影响。在此过程中，教师还应借助网络教学、多媒体教学等现代教学手段，构建出较为真实的历史情境，使学生对历史形成更加深刻的理解和感受。例如，在进行中国半殖民地半封建社会时期的历史教学时，教师可以使用投影仪等播放鸦片战争时期的社会现象以及历史场景等，之后要求学生分别扮演民众、官员、士兵等角色，模拟相关历史场景，提升学生对历史的感悟。

（三）融合实践，拓展思维

历史学科与语文学科之间的联系较为紧密。两者融合可发挥出相辅相成的作用。在实施高校历史教学时，教师应该运用跨学科融合方式拓宽学生的思维视野，推动学生综合分析能力的发展。在教学实践中，教师可以规划各种形式的跨学科学习任务，在学生完成相关学习任务的过程中，需要使用到历史以及语文两个学科的知识与方法，利用编写历史剧本、撰写历史论文等方式，有机结合历史知识与语文表达，促进学生综合素养逐步提升。例如，教师在教学西汉文景之治相关内容时，可以要求学生在课前阅读语文学科中《陈涉世家》等文学作品，借此使学生能更加深入地了解在西汉建立初期的社会情况。另外，教师还可以从文景之治的文化繁荣与社会变革入手，引导学生深入分析当时社会受到改革措施的影响情况。在相关跨学科融合实践的支持下，除了可以增进学生对于历史事件的了解外，还可以锻炼学生语文表达能力，助力学生综合素养提升。

第二节　历史与地理的跨学科项目设计与实施

高校历史与地理跨学科教学，要求教师全面掌握历史与地理这两个学科的技能要求、知识范围以及核心素养等，需要教师已经具有较为完善的双学科知识体系，进而为设计与实施历史与地理的跨学科项目打下坚实基础。在课堂教学中学生居于主体地位，教师应该保证学生的主体意识充分发挥。在设计与实施高校历史与地理的跨学科项目时，教师应该采取以下策略。

一、创设情境提升学生解决问题的能力

想要深入了解学生解决问题的实际能力，教师需要在高校历史教学中合理运用问题情境。在实际操作中教师可以运用音乐、图画以及实物等多种方式实施情境创设工作，并且利用角色扮演、语言描绘等方式展现相关历史情境。在实际教学中，很多教师会利用历史地图来创设教学情境。例如，在进行诸侯纷争与变法运动相关教学时，相关内容最主要体现在变法上，在春秋战国时期周天子势力逐渐减弱，在此社会背景下各个诸侯之间不断征战，针对此种情况，教师可以选取公元前476年、公元前770年以及公元前1045年三个时间段呈现古代势力分布图，借助不同时期的地图展示历史发展以及政权更迭情况。综合运用情境问题与动态地图，使该时期内思想文化、经济、民族、政治等情况形成一个整体，了解变法运动出现的必然性及其对于社会的重要影响。为了使创设出的历史情境足够真实，需要以多种类型、多个层面的史料为依托。当学生接触真实性较高的史料后，其会自动展开相关的想象，努力探索真实、客观的历史。例如，教师在进行辛亥革命相关教学时，可以向学生展示隆裕太后对辛亥革命相关看法的史实。结合相关史实可知，隆裕太后认为清帝退位是历史发展的必然，但是清帝退位的主要目的是为了避免出现更多的流血牺牲，在此过程中同样需要智慧、妥协以及勇气等，存在一定价值与可取之处，在此情况下学生能从不同视角入手了解辛亥革命，从多个角度分析清帝退位这一事件，从而更为全面地呈现出这一历史事件。

二、引入不同观点启发学生反思

历史发展过程中伴随着各种冲突和矛盾，在很大程度上提升了了解历史真相的难度。在中国历史上一代代统治者都是在不断解决现实问题与历史遗留问题，他们借助各种举措解决新时代中出现的问题，但是也有危机存在，致使国家和社会中不断出现新的矛盾问题，在不断解决矛盾的过程中历史也在逐渐发展。在教授两宋政治和军事内容时，整个历史内容存在非常明显的矛盾和冲突，在北宋建立初期，国家还没有在唐代末期的动荡中恢复过来，在此情况下宋太祖确立祖宗之法，减弱了地方拥有的实际权力，加强中央集

权，并且削弱了中央宰相的权力，在维持国家内部统治稳定、预防地方动乱等方面发挥了重要作用。但是在此过程中，国家的军事实力一直未得到有效增强，使国家面临新的统治危机。在此种背景下范仲淹、王安石等倡导变法改革，但是并未在真正意义上解决危机，最后金灭掉了北宋王朝。在开展教学时，教师可以利用"北宋的和平是使用钱财换取的，你是否认同这种做法？"在此过程中大部分学生都会给出不认同的答案，认为此种做法会导致北宋实力逐渐减弱，但是也有部分学生会提出存在争议与矛盾的观点，在两种观点碰撞过程中会加深学生对于此类问题的理解。

在实际教学中教师还可以向学生展示澶渊之盟相关内容，进一步提升学生对相关历史事件的了解，澶渊之盟中规定双方可以在边境设置榷场用于双方市贸交流，促使宋与金之间的贸易往来变得更加密切，加快了民族交融速度，在历史中有着一定的积极意义。

三、合作探究加强学生合作意识

在现有的课堂组织形式中，合作探究属于较为常见的形式之一，在设计历史与地理跨学科项目时，教师同样需要有效利用合作探究。在实际开展相关课堂教学时，教师可以将学生随机划分为若干小组，使学生从不同的角度、身份思考问题，在组织多次课堂讨论时均让小组成员之间相互讨论，在此种合作探究方式的支持下，能大幅度提升课堂教学效率。在实际设计历史与地理跨学科项目时，教师可以设置"我国古代丝绸之路的发展与地理环境的关系"的主题让学生进行合作探究，借此深入了解地理因素与历史事件之间的联系，在实际开展相关项目时，教师首先需要对古代丝绸之路的背景进行简单介绍，包含其发展过程与形成背景等，当然也可以讲解一些丝绸之路在推动东西方文化交流等方面的重要作用。同时，引导学生关注丝绸之路上的山脉、沙漠、草原以及高原等地理环境。其次，组织学生进行分组探究。将学生分为一定数量的小组，为每组学生分配任务，要求其研究丝绸之路上的一段路线或重要节点，小组成员需要从地理与历史两个方面出发，探讨以下四个问题：第一，该路线或节点在丝绸之路发展中的作用与地位；第二，地理环境影响该路线或节点民族融合、经济发展以及文化交流的情况；第三，该路线或节点所处区域的水文、气候以及地形等因素对于古代商队物资运输以及出行的影响；第四，与相关历史事件相结合，分析地理环境在稳定边疆和古代战争中的作用。

　　当学生探讨完后，教师组织交流与汇报工作。小组成员在听取其他小组成员探讨结果的过程中提出疑问并发表自身见解，借此加强组与组之间的交流与互动。在此期间，教师应该引导学生关注历史与地理学科的交叉点，如地理环境影响历史事件的情况等。此外，教师引领学生进行总结反思。在完成该项目后，教师应该带领学生总结丝绸之路发展期间受地理环境因素的影响情况，并且明确相关因素对我国古代历史进程的影响。同时，鼓励学生反思自身在开展合作工作时的收获与不足，锻炼学生的团队协作能力与跨学科思维能力。在开展跨学科合作探究项目的过程中，学生不但可以对古代丝绸之路的历史意义形成更加深刻的理解，而且可以正确认识到历史发展过程中地理环境的重要作用，激发学生学习历史与地理知识的兴趣，培养学生综合素质。除此之外，该项目还能在培养学生实践能力、合作意识以及创新能力方面发挥重要作用。

第三节　历史与政治时事热点的结合教学探索

　　历史主要研究内容为人类在过去的发展进程，而历史教学的根本目标是要借助教学帮助学生掌握基本的历史定义与史实，使学生能有效迁移相关的历史知识。在开展高校历史教学时，教师应引导学生关注政治时事热点，在教学中引入政治时事热点后续发展与进程的内容，逐渐有效提升学生掌握基本历史事实的水平，促使学生拥有更高的历史知识迁移能力，使学生历史知识体系变得更加完善。

　　在新的时代背景下，在高校历史教学中关注政治时事热点是有必要的，实际开展教学时应充分重视政治时事热点的导向作用，坚持双向教学过程，全面分析学生实际学习情况。教师应该发挥自身的榜样作用，密切关注政治时事热点。在高度关注政治时事热点的基础上，在实际高校历史教学中融入各个时期的政治时事热点材料并展开对比分析，引导学生深入分析历史事件背后的发展趋势与规律。

一、结合教材内容选择政治时事热点资源

　　政治时事热点资源的选择必须与高校历史课程教学目标相符。在实际开

展教学的过程中，教师应该在全面分析课堂教学重难点的基础上，在其中加入适宜的政治时事热点资源，借助相关资源进一步补充教学内容。在实际操作中，教师主要依靠拥有较高知名度的网站与正规媒体获取资源，以此保证资源的真实性与准确性。在历史教学中引入政治时事材料能使学生对历史发展情况形成更为清晰的认识，帮助其形成正确的世界观与历史认知。在选择政治时事热点时务必保证其能为教材中原有知识点起到补充和延伸的作用。高校教师在使用政治时事热点开展辅助教学时，需要适度、合理地引入相关资源，在全面考量课堂教学内容的前提下，适当引入，保证课堂教学目标顺利实现。高校历史课堂教学中所用的政治时事热点并没有统一的规范与标准，需要教师在实施教学期间自觉整理相关信息并调整，在综合考虑课堂教学进程、学生现实水平以及教学知识点进行合理选择，之后引导学生进行相关知识学习。

在此过程中，应该注意政治时事热点与学生生活之间的联系，选择与学生心理发展阶段相符的政治时事资源，保证相关资源处于学生认知水平内，只有这样学生才能有效吸收相关教学内容。不同学生在心理发展阶段与学习能力方面也会存在差异，教师应该深入分析高校学生人生经历与生活条件中的共性因素，采用有针对性的教学方法。在选择政治时事热点时除了要保证材料的真实性与准确性外，还要保证学生能顺利理解相关材料，只有这样才能充分发挥政治时事热点材料在高校历史教学中的作用。当然，教师作为高校历史课堂教学中的主导者，还需要根据自身的讲课风格与水平选择适宜的政治时事热点资源。

二、拓展学生获取政治时事热点资源的渠道

为了在更短时间内获取更多的政治时事资源，教师应该从多个渠道入手实施资源获取工作。首先，高校历史教师应该在课堂教学准备工作中收集与教学知识点相关的政治时事热点材料，并将其合理融入教学内容中，在不断授课、总结与反思的过程中，政治时事资源也将变得更加丰富。其次，当今时代是信息化时代，教师应该利用多媒体技术、互联网技术等收集与整理与高校学生存在联系的国家政策方针与热点问题。同时合理利用高校内部的微机室、图书馆以及阅览室等，在此过程中教师可以与学生交流互动，共同成长。此外，高校历史教师应加强与其他历史教师的联系，通过听公开课、组

织研讨会议等方式扩充政治时事资源。

三、借助政治时事热点实施概念学习

历史是在一定的社会文化背景下发展的，在落实高校历史教学工作时，教师应该将学生置于相关社会情境下，引导学生利用已有的旧知识逐渐完成新知识的学习，进而完成历史知识的迁移。在高校历史教学中融入政治时事热点，教师需要围绕政治时事热点与历史知识组织教学，借此降低学生理解教学内容的难度，同时补充与升华教材内容，使学生历史知识框架变得更加完善。例如，在开展中外历史中和平发展合作共赢相关历史教学时，教师可以向学生分别展示 2024 年和教材中关于共建"一带一路"的内容，让学生真切感受到近年来共建"一带一路"的变化，调动学生探索的欲望。在进行共建"一带一路"相关内容教学时，教师应引入最新政治时事热点新闻，将共建"一带一路"近年来的发展成果呈现在学生面前，激发学生学习共建"一带一路"发展历程的兴趣。结合相关教学实践可知，当学生对知识产生兴趣后，往往能取得更为理想的学习效果。在完成相关知识教学后，教师可以发布如图 10-1 所示的学习拓展任务，要求学生在课后继续收集与共建"一带一路"相关的资料，并写出自身的感想，让学生更为深入和系统地了解相关历史事件。在学生总结与分享期间，教师要教会学生辨析各种政治时事热点材料的方式和方法，帮助学生自主完成知识迁移。

学习拓展

收集共建"一带一路"的资料。以图文并茂的形式呈现共建"一带一路"倡议和具体实施情况，特别在政策沟通、设施联通、贸易畅通、资金融通、民心相通等方面的国际合作，进一步理解中国在构建人类命运共同体中作出的努力。

图 10-1 学习拓展任务

四、改进历史教学的方式方法

通过分析现如今高校历史教学实际情况可知，在历史教学中融入政治时事热点还没有固定的教学方法，需要教师根据实际教学情况展开深入探索。在实际开展教学工作时，教师应该不断实施政治时事热点的应用实践，借此探索出与高校学生认知方式相适宜的教学方法。

教学期间教师可以使用因果联系法，此种方法认为复杂的历史史实是导致新时代政治时事热点的重要因素，在高校历史教学中教师可以在政治时事资源的支持下了解导致其出现的原因，呈现出相关事件的发展脉络与因果关系。在实际应用该方法时，教师可以采取两种教学方式：一是执果索因、逆向推理；二是由因导果、顺势引导。综合运用历史与现实，将历史教学内容更加全面细致地呈现在学生眼前，能够锻炼学生分析与评价历史事件的能力。

比较分析法主要是分析辨别历史现象、事件以及人物，同时提取其中的共同点和不同点来明确历史事件的规律以及发展过程。在高校历史教学中，比较分析法也可以细分为两种，分别为异中求同与同中求异。后者主要是分析历史事件与政治时事热点中的不同点，后者主要是分析两者之间的相同点，在对比两者内涵与内容的过程中学习相关历史知识。

综合分析法就是在开展高校历史教学时将较为复杂的历史事件分解成多个组成部分，降低学生学习难度。教师在单元教学中使用此种方法，可以降低学生学习大方向、大概念的难度，使学生深刻了解社会现实存在的历史规律，助力学生历史思维发展。

引导式教学方法非常重视学生主体地位的发挥，在使用此教学方法时教师扮演着引导者的角色，引导学生发现、探究以及解决问题，属于一种较为科学的自主学习方法。

第四节　历史与艺术共同培育人文素养的路径

历史与艺术在培育学生人文素养方面均拥有重要作用，在实际开展高校历史教学时，教师应该充分重视开发艺术类课程资源的工作，并将相关艺术类课程资源融入高校历史教学各个环节，提升历史课堂的效率与质量。

一、运用艺术类课程资源实施新课导入

教师新课导入技术水平能在很大程度上决定学生在课堂学习过程中的认真程度。作为课堂教学中的最初环节，新课导入情况能直接影响整个课堂的结构与氛围，属于构建高效历史课堂必须重视的问题。当新课导入足够科学合理时，能够在短时间内将学生的注意力吸引到教学内容上，激发学生学习

兴趣，以此为顺利完成教学任务打下坚实基础。

在新课导入环节导入音乐影视、古诗词以及绘画等艺术类课程资源，能借助其吸引学生注意力，调动学生学习相关历史知识的兴趣。以开展隋唐至五代十国时期历史教学为例。在进行新课导入时，教师可以利用多媒体设备展示《泊秦淮》和《玉树后庭花》两个作品，在该新课导入中使用一首诗、一首曲，能够在3分钟内播放完毕并引出新课内容。

二、运用艺术类课程资源创设教学情境

历史事件已经过去，对于生活在新时代中的高校学生来说，很多历史事件距离其较为遥远，很难准确地认知以及把握相关知识点。为了提高学生认知与理解历史的程度，构建相关历史情境是一种较为科学的方法。在实际开展高校历史教学时，教师可以运用设计角色扮演、导入影视剧视频等方式创设历史情境，让学生体会相关的历史氛围与场景，为学生提供沉浸式的历史学习体验。

在高校历史教学中情感教育属于重要功能之一，在实际教学中历史教师可以借助多媒体设备呈现艺术素材，引导学生深刻认识某个历史人物或者事件的情感基调，将历史情感带到课堂教学中，有效渗透情感教育，加强学生的历史情感感受与体验，加深理解历史事件的程度，而且对培养学生人文素养有利。例如，在教授社会主义建设探索相关内容时，教师可以先向学生介绍一些在该时期内中国在科技、农业、国防以及工业方面所取得的进步，并且通过播放相关影视资源为学生提供更为强烈的情感体验，如播放电影《横空出世》的片段，借助相关影视资源，学生不但能更加深刻地认识相关历史知识，还能体会到中华民族与中国人民在国家建设方面所付出的努力与艰辛，培育学生人文素养。

三、运用艺术类课程资源突破教学重难点

教师进行高校历史教学时，教学重难点是整个课堂教学中最核心以及最重要的部分。因此，在实施课堂教学设计工作时，教师应深入系统地分析教学内容，精准把握教学重点。教师可以通过多媒体设备展示教学资源，借助相关课程资源保证教学重难点顺利突破。在这里同样以隋唐至五代十国历史教学内容为例，结合相关课程标准可知，在其课堂教学过程中了解和认识隋

唐时期高度繁荣与民族交融属于重点，在此部分教学中教师可以在多媒体设备中展示《职贡图》，如图 10-2 所示。

图 10-2 《职贡图》

在展示该名画后，教师可以引导学生分析画中人物的状态、地位以及特征等，之后要求学生深入观察该画作的细节，解读其中呈现的内容。《职贡图》中的主要人物为少数民族，他们向着相同方向携带着各种礼物匆匆前进。根据这一画面可知，他们的身份是西域诸国的使臣，均是向唐朝皇帝缴纳贡品。在此过程中教师应配合讲解，进一步加深学生对唐朝的印象。除此之外，在此过程中学生还能深刻体会艺术的魅力，可以发挥出历史与艺术在培育学生人文素养方面的协同作用。

四、设计各种形式艺术类历史课外活动

想要充分发挥历史与艺术在培育学生人文素养方面的作用，教师在高校历史教学过程中可以组织各种形式的艺术类历史课外活动，以某一历史主题为中心，开展漫画、手抄报、演讲以及书法等多种形式的比赛。在实际开展高校历史教学时，教师可以组织以下类型的比赛：第一，组织历史主题漫画创作比赛。鼓励学生围绕某一历史事件或人物，发挥创意，创作漫画作品。通过漫画的形式，让学生更加生动地展现历史场景，传递历史信息。在此过程中，学生需要对历史事件有深入了解，同时锻炼自己的绘画技巧和创意表达能力。第二，举办历史手抄报比赛。要求学生以某一历史时期或主题为背景，制作手抄报。手抄报可以包含历史事件、人物、地理、文化等多个方面的内容，让学生在搜集资料、整理素材的过程中，加深对历史的认识。此外，手抄报的制作还能提高学生的审美能力和排版技巧。第三，开展历史主题演讲比赛。引导学生围绕历史事件、人物或观点进行演讲，培养学生的语

言表达能力和逻辑思维能力。演讲比赛可以让学生在准备过程中，深入研究历史，提炼观点，锻炼自己的口才和自信心。第四，举行历史主题书法比赛。鼓励学生书写与历史相关的诗词、名言或文章，通过书法艺术传承历史文化。书法比赛有助于学生感受汉字之美，提高书写水平，同时加深对历史文化的理解。第五，创办历史主题艺术展览。将学生在漫画、手抄报、书法等方面的优秀作品进行展出，让更多同学感受到历史与艺术的魅力。展览过程中，可以邀请专业教师进行点评，为学生提供宝贵意见。第六，开展历史题材微电影创作活动。组织学生自编、自导、自演历史题材的微电影，让学生在创作过程中，深入了解历史背景，体验历史人物的情感。微电影创作有助于培养学生的团队协作能力、创新意识和实践能力。

第五节　历史与科技的交叉学科探索与实践

将交叉学科方法运用到高校历史教学中，教师需要取得各个学科的资源，从而为顺利完成教学活动提供有效保障。在现实教学工作中，因为高校历史教学内容同时包含文科与理科内容，教师大多会收集到比上课所需资源更多的学科资源，再加上高校历史课堂仅具备有限的时间，进一步加大了在历史教学中应用相关资源的难度。想要实现历史与科技学科共同发挥作用，相关人员首先需要严格遵循跨学科资源整合原则，具体原则如下：第一，整体性原则。在整个历史与科技学科资源期间，教师需要在历史教学内容中加入较为分散且相关的教学资源，构建一个系统的、全面的内容体系。首先，这个内容体系的中心区域是历史问题与知识，并结合实际情况布置其他科技学科资源。其次，这个内容体系是整体的、有序的。整合相关跨学科资源的过程中，因为历史教学内容与科技学科之间的交叉性，各个学科的内容都糅杂在一起，在此情况下教师必须遵循整体性原则，根据历史问题和知识的主旨，合理补充科技学科相关资源。第二，历史性原则。在历史与科技学科交叉过程中必须遵循历史性原则，也就是说整个内容体系的核心应该是历史问题与知识，利用适宜的方式在其中融入科技学科的资源，进而让学生深入了解科技历史的发展。第三，精选性原则。在开展高校历史教学时，教师应紧紧围绕历史教学内容选用科技学科的跨学科资源，借此高质量落实历史教学活动。在收集相关科技学科资源时，时常会出现拥有庞大数据量且整合困难的情况，在此情况下需要教师在全面考量历史教学内容与教学目标的基础上筛选资源。

一、强化课程体系建设

在历史与科技交叉学科探索与实践中强化课程体系建设属于重要举措，在课程设置方面，相关人员需要充分展现学科交叉的广度与深度，有机结合地理学、化学、生物学、物理学、考古学以及历史学等学科的知识，构成一个全方位、多层次、多角度的课程体系。此种课程体系不但蕴含历史的空间分布与实践脉络，还包含科技发展的外在影响与内在落实，在学生参与此种历史教学学习后，其能较好地掌握历史与科技知识。此外，高校历史教师还应该以学科发展前沿动态为依据，不断实施教学内容更新工作，确保课程内容始终科学、合理。在高校历史教学中合理融入最新科技进展和科研成果，不但能提升学生掌握历史学科基础知识的水平，在此过程中还为学生提供了接触最新科技发展成果的机会。当搭建起此种课程体系后，除了能帮助学生形成更宽广的知识视野外，还能调动学生的学习积极性，促使学生学会运用跨学科知识解决历史问题。

二、创新教学方法

在传统的高校历史教学中，教师主要是采取填鸭式教学方式，结合相关教育教学实践可知，此种方式在调动学生学习积极性方面表现较差，会对培养学生实践能力与创新思维形成阻碍。所以，在历史与科技交叉学科教学实践中，教师应该主动研究适宜的教学方法，如实地考察、案例分析以及小组讨论等，从而使高校历史课堂变得更加生动有趣。例如，在进行古代科技发展史的讲解时，教师可以有机结合现代科技产品与古代科技成就，引领学生实施对比分析。在深入了解相关科技成果后，了解现代陶瓷技艺与古代陶瓷工作之间的异同，或者研究当代水利科技与古代水利工程的差异，在此过程中学生不但能非常清晰地了解科技发展历史，而且能体悟到科技发展在社会发展中的重要性。不仅如此，教师还可以组织学生参与角色扮演活动，先构建相关历史情境，再扮演相关历史人物，同时带领学生参观科技馆与博物馆等，使学生感受历史的厚重与科技的魅力。在有效运用以上教学方法后，学生将会对科技史内容表现出非常浓厚的兴趣，他们在课堂中的表现也将变得更加活跃，以此提升学生历史和科技素养，为高校培养复合型人才的工作提供助力。

三、开展历史与科技学科的交叉实践

在高校历史教学中，想要有效整合历史与科技学科的资源，教师需要结合实际教学情况，整合不同科技学科的资源。

（一）与化学资源整合

进行高校历史教学时，教师可以在历史学科教学中融入化学资源，以青铜器的铸造相关内容为例，殷墟中出土了很多诸如青铜剑、青铜钟以及青铜鼎等青铜器，但是当青铜器的用途不同时，其在制作时使用的锡和铜的比例也存在差异。在课堂教学中，教师可以融入化学学科的知识，利用不同的化学配方展示各种类型青铜器的制作过程，不仅可以帮助学生更加深刻地认识青铜器，还可以使学生体会到古代高超的青铜器铸造技术，如在铸造钟、鼎等青铜器时，锡和铜的比例为 1 ： 5。

（二）与数学资源整合

在这里以祖冲之精确地计算出圆周率这一历史知识为例，教师需要在历史教学中融入数学运算方法。祖冲之在借鉴刘徽割圆术的基础上计算出了圆周率。而刘徽的割圆术是以圆的内接正多边形为基础，其使用多边形来逐渐呈现圆的面积，在逐渐增多分割次数的同时，内接正多边形与圆之间将具有越来越小的面积，当进行无限次分割后，内接正多边形会与圆一致。结合相关演示和了解学生掌握的知识情况可知，圆周率是 3.1415926 ~ 3.1415927 的无限不循环小数。在历史学科教学时将圆周率作为结合点，能够在历史教学内容中有效引入数学资源，利用多媒体设备等呈现祖冲之计算圆周率的过程，提升学生对相关历史与数学知识的了解。

第十一章　高校历史教师专业成长与培训路径

第一节　历史教学新理念与教师专业发展需求解析

高校历史教师的专业成长与培训路径是一个复杂而系统的工程，需要多方面的支持和努力。通过终身学习、行动研究、教学反思、同伴互助、专业引领和课题研究等方式，高校历史教师要加强自身的知识体系建设，提升自身的业务素质与教育水平，促进学生的全面发展和社会的发展。同时，高校和相关部门也应加强对历史教师的培训和支持，为历史教师的专业成长提供有力的保障。

随着新课程改革的深入推进，高校历史教师的专业成长与培训路径成为一个亟待解决的问题。本章将探讨历史教学新理念与教师专业发展需求的关系，本章的研究目的在于为高校历史教师的专业化发展和培养，提供一定的理论支撑和实际指导。

一、历史教学新理念

新课程理念下的历史教学，正经历着一场深刻的变革，其强调学生的主体性、实践性和创新性，这对历史教师提出新的挑战，要求他们不断更新教学理念，紧跟时代步伐，以适应新时代教育发展的迫切需求。

（一）更新传统课程理念：从教材到课程资源的拓展

新课程历史教材的设计，摒弃了传统教材的线性编排方式，转而采用"模块"加"专题"的灵活结构。这一变革不仅体现了教育内容的时代性、基础性、多样性和选择性，也是一次对传统教育内容的深度革新。其不再局限于书本知识的传授，而是将教育内容与社会的快速发展、学术研究的最新成果以及学生的个人经验紧密相连，从而构建起一个开放、动态、富有生命力的知识体系。

面对这样的课程变革，历史教师的角色也随之发生转变。他们不再是教材的忠实执行者，而是课程资源的开发者与整合者。教师需要跳出教材的框架，积极探寻并有效利用各种课程资源，如深入挖掘文献资料中的历史细节，组织学生参观历史文物展览，实地考察历史遗址和遗迹，引入网络资源和现代信息技术，以丰富课程内容，使历史教学更加生动、形象、具体，从而提升教学质量，激发学生的学习兴趣和探究欲望。

（二）更新教学理念：从知识灌输到能力培养的转变

新课程理念的核心在于强调学习的参与性，无论是自主学习、合作学习还是探究学习，都鼓励学生通过亲身实践来构建知识，培养能力。这一转变是对传统教学模式"教师讲、学生听"的单向知识传递方式的颠覆，其要求历史教师必须从根本上改变教学观念，将教学的重心从知识的传授转移到学生知识和经验获得过程的指导上。

在新课程理念下，历史教师需要创设一个充满探索精神和创新氛围的课程实施环境，鼓励学生主动发现问题、提出问题，并通过合作学习、小组讨论、角色扮演等多种形式，引导学生分析问题、解决问题。这样的教学过程，既可以训练学生的自主学习能力，也可以培养学生的批判思考能力、创造能力，为今后的学习与生活奠定良好的基础。

为实现这一转变，历史教师需要不断提升自身的专业素养和教学技能，学会如何设计富有挑战性的学习任务、如何有效引导学生进行深度探究、如何评价学生的学习成果等。同时，教师也要有很强的弹性和适应性，可以基于学生的学习状况以及对他们的反馈来对教育战略进行适时的修改，确保每个学生都能在参与学习活动中取得成长和进步。

新课程理念下的历史教学变革，不仅要求历史教师更新传统课程理念，也要求他们从根本上转变教学理念，将教学的重心放在培养学生的主体性、实践性和创新性上。这是一场深刻的教育革命，也是历史教师专业成长与发展的重要契机。只有不断适应变化，勇于创新实践，历史教师才能在新时代的教育舞台上发挥更加积极的作用，培养出更多具备历史素养、创新思维和全球视野的未来公民。

二、教师专业发展需求

教师专业发展，作为教师职业生涯中持续不断的追求，是一个涵盖专业思想深化、专业知识积累、专业能力提升等多方面的综合过程。对于高校历史教师而言，面对新时代教育改革的浪潮，其专业发展需求更显多元与迫切。

（一）拓展课程资源：从单一到多元的资源整合

在传统观念中，课程资源往往被狭义地理解为教科书，这种单一的资源观已经难以满足当前教育改革的需求。新课程理念下的历史课程资源，是一个广泛而深入的概念，其不仅包括传统的文献资料、历史教科书，也涵盖历史文物、遗址遗迹、口述历史、网络资源及跨学科知识等。高校历史教师需要具备敏锐的资源意识，学会从广阔的视角去发掘、整合这些资源，使之成为历史课堂的生动素材，丰富课程内容，提升教学的深度与广度。

例如，教师可以利用数字化手段，如在线博物馆、历史数据库等，将遥远的历史近距离呈现给学生。通过组织学生实地考察历史遗址，让学生亲身体验历史的痕迹，增强历史学习的直观性和感染力。此外，跨学科资源的融入，如结合地理、文学、艺术等领域的知识，也能为历史教学带来新的视角和深度，促进学生综合素养的提升。

（二）更新教学方法：从灌输到引导的转变

新课程理念倡导以学生为中心的教学模式，强调学生的主动参与和深度学习。对于历史教师而言，这意味着要彻底摒弃传统的"填鸭式"教学，转而采用更加灵活多样的教学方法，如讨论式、探究式、项目式学习等，以激发学生的求知欲和探索欲。

在具体实践中，教师可以通过设计历史情景模拟、角色扮演等活动，让学生"走进"历史，从多角度理解历史事件和人物；以小组为单位，让学生就某一专题收集资料，进行分析讨论，以训练他们的团队精神与判断能力。同时，教师应紧跟历史学研究的最新动态，将学术前沿成果融入教学设计，引导学生对历史问题进行深入思考，培养其独立思考和创新的能力。

（三）提升历史思维能力：从历史到现实的桥梁

历史思维能力的培养，是高校历史教育的核心任务之一。其要求教师不仅要具备扎实的史学功底，能准确解读史料，也要具备将历史与现实相联系的能力，引导学生从历史中汲取智慧，为现实生活提供借鉴。

提升历史思维能力，意味着教师要教会学生如何从不同角度和层面分析历史事件，理解其背后的因果逻辑和长远影响。这包括训练学生运用批判性思维，对历史事件进行多元解读，识别历史叙述中的偏见和局限；同时，也要引导学生将历史知识与当前社会问题相结合，进行跨时空的比较分析，培养他们的历史责任感和时代使命感。

（四）提高教学素养：全面发展的专业追求

高校历史教师的专业素养，是其专业发展的基石。这不仅体现在对历史学科知识的精通上，也包括教学观念的更新、教学方法的创新、专业道德的坚守以及持续的业务能力提升。

教师应不断学习新的教育理论，探索适应新时代要求的教学模式，如翻转课堂、混合式学习等，以提高教学效率和质量。同时，加强师德师风建设，树立良好的职业形象，以高尚的师德影响学生，促进其全面发展。此外，教师还应积极参与学术交流、研修培训，不断拓宽视野，提升个人的研究能力和学术水平，将最新的研究成果转化为教学资源，反哺教学实践。

高校历史教师的专业发展是一个系统工程，需要教师在课程资源拓展、教学方法更新、历史思维能力提升以及教学素养提高等多个方面不断努力，实现自我超越。在这个过程中，教师既是知识的传播者，也是学习的引领者，更是自我成长的探索者。通过持续的专业发展，高校历史教师将更好地适应教育改革的需求，培养出更多具有历史视野、人文素养和创新能力的时代新人。

第二节　多样化教师培训模式及适配路径探索

高校历史教师的专业成长与培训路径是一个复杂而系统的工程。通过探索多样化的教师培训模式及其适配路径，可以为教师提供更加丰富、灵活、个性化的学习机会和发展空间。这不仅可以提升教师的专业素养和教学能力，而且可以激发教师的学习积极性和创新精神，为高校历史教育的改革和发展提供有力的人才保障。因此，高校应高度重视历史教师的专业成长与培训工作，不断完善培训机制和模式，为教师的专业成长创造更加有利的条件和环境。

在新时代背景下，高校历史教师的专业成长与培训路径显得尤为重要。随着教育改革的深入，传统的教师培训模式已经难以满足当前的需求。因此，探索多样化的教师培训模式及其适配路径，对于提升高校历史教师的专业素养、促进其专业成长具有重要意义。

一、多样化教师培训模式

（一）线上培训模式：技术赋能，灵活高效

随着互联网技术的迅猛发展，线上培训模式以其时间灵活、地点不限、资源丰富等优势，逐渐成为教师培训的新宠。对于高校历史教师而言，线上培训不仅提供便捷的学习途径，也是其更新知识结构、提升教学技能的重要平台。

线上培训模式涵盖网络课程、在线研讨会、直播讲座等形式。在教学过程中，教师可以自由地按照自己的爱好和教学计划来进行教学，从而达到个性化的教学目的。在网络课程中，教师可以接触到最新的史学研究成果、教学方法和课程设计理念，通过视频讲解、在线测试、互动问答等方式，深化对历史学科的理解，提升教学设计的创新性。在线研讨会和直播讲座则提供了与同行交流互动的机会，教师可以就历史教学中的热点问题进行深入探讨，分享教学经验，共同寻找解决方案。

值得一提的是，线上培训还能利用大数据、人工智能等先进技术，对教师的学习过程进行精准监测和评估。通过分析教师的学习行为、学习成果，系统能为教师提供个性化的学习建议，帮助其优化学习计划，增强培训效果。这种智能化的培训方式，不仅可以提升培训的针对性和有效性，也可以激发教师的学习动力和探索欲。

（二）线下工作坊与研讨会：面对面交流，深度碰撞

尽管线上培训具有诸多优势，但线下工作坊与研讨会仍然具有其不可替代的价值。面对面的交流方式，能让教师更深入地探讨历史教学中的问题，分享教学经验，建立专业联系，形成学术共同体。

线下工作坊与研讨会通常围绕特定的主题或问题展开，如历史教学方法的创新、课程设计与实施、学生历史思维能力的培养等。通过专家讲座、小组讨论、案例分析等多种形式，教师可以获得更直观、更深入的学习体验。专家讲座能引领教师了解历史教育的前沿动态，拓宽学术视野；小组讨论和案例分析则可以鼓励教师积极参与，分享自己的教学实践和反思，促进思想的碰撞和智慧的火花。此外，线下工作坊与研讨会还可以组织参观历史博物馆、遗址遗迹等活动，让教师亲身体验历史的厚重与魅力，增强历史素养和教学实践能力。这种实地考察的方式，不仅能丰富教师的感性认识，还能为其教学提供生动的素材和案例，从而提升教学的吸引力和感染力。

（三）导师制与师徒结对：传承与创新，共同成长

导师制与师徒结对虽然是一种传统的教师培训模式，但是在新时代背景下仍然焕发着勃勃生机。通过这一模式，高校历史教师可以获得资深教师的指导和帮助，快速提升专业素养和教学能力，实现传承与创新并重。

导师制可以由学校或学院组织，为青年教师配备经验丰富的导师，进行一对一或一对多的指导。导师不仅能帮助青年教师制定个人发展计划，明确职业目标，还能提供教学、科研等方面的全面指导和支持。通过定期的交流、反馈和评估，青年教师可以在导师的引领下，逐步掌握教学技巧，提升科研能力，形成自己的教学风格和学术特色。师徒结对可以由教师自发组织，通过相互听课、评课、交流教学经验等方式，建立长期的合作关系。这种基于自愿和兴趣的结对方式，更能激发教师的积极性和创造力。师徒之间可以互相学习、互相激励，共同探索历史教学的新路径和新方法，实现专业成长的共赢。

（四）海外研修与交流：拓宽视野，跨文化对话

海外研修与交流是教师培训的高级形式，对于提升高校历史教师的国际视野和跨文化交流能力具有不可替代的作用。通过海外研修与交流，教师可以了解国外历史教育的最新动态和发展趋势，学习先进的教学方法和理念，拓宽学术视野和思维空间。

海外研修与交流的形式多样，包括参加国际学术会议、访问国外高校、进行短期研修等。教师可以利用这些机会，与国外同行进行深入的交流和对话，了解不同文化背景下的历史教育理念和教学实践。通过参与国际合作项目、共同研究历史问题，教师可以建立国际学术联系，提升自己的国际影响力和学术地位。此外，海外研修与交流还能让教师亲身体验不同文化背景下的历史教育，感受不同国家的历史传统和文化特色。这种跨文化的交流和学习，不仅能增强教师的文化素养和人文情怀，还能为其教学提供新的视角和思路，从而促进学生的全面发展和国际视野的培养。

二、适配路径探索

（一）针对不同发展阶段的教师提供差异化培训

高校历史教师的专业成长是一个持续不断的过程，不同发展阶段的教师具有不同的需求和特点。因此，在提供教师培训时，应根据教师的专业发展阶段提供差异化的培训内容。

对新入职的青年教师，应注重基础教学技能和学科知识的培训，帮助他们快速适应教学岗位。可以通过线上课程、线下工作坊等形式，提供教学方法、课程设计、课堂管理等方面的培训。对有一定教学经验的教师，应注重教学创新和科研能力的培养，可以通过研讨会、导师制等形式，提供教学改革、科研方法、学术论文写作等方面的培训。对资深教师，应注重学术引领和团队建设能力的培养，可以通过海外研修、国际交流等形式，提供国际学术前沿、团队建设与管理等方面的培训。

（二）结合教师个人兴趣与专长定制培训内容

每个教师都有自己的兴趣专长和学术追求，因此在提供教师培训时，应充分考虑教师的个人兴趣和专长，制定个性化的培训内容。

通过问卷调查、个人访谈等方法，对高校教师的培训需要及利益诉求进行分析。然后，根据教师的反馈，结合学校的教学和科研目标，制定个性化的培训计划。培训内容可以包括教师感兴趣的史学研究领域、教学方法、教育技术等方面。通过定制化的培训，可以激发教师的学习积极性，增强培训效果。

（三）强化实践导向，注重教学技能的提升

高校历史教师的专业成长离不开教学实践的磨砺。因此，在提供教师培训时，应强化实践导向，注重教学技能的提升。

培训可以结合教师的教学实践，开展教学观摩、案例分析、微格教学等活动。通过观摩优秀教师的教学示范，教师可以学习先进的教学方法和技巧；通过案例分析，教师可以深入了解历史教学中的问题和挑战；通过微格教学，教师可以模拟真实的教学场景，进行反复练习和反思。此外，还可以组织教学比赛、公开课等活动，为教师提供展示自己教学技能的平台，促进其教学技能的提升。

（四）建立持续跟踪与反馈机制，确保培训效果

教师培训不是一次性的活动，而是一个持续不断的过程。为确保培训效果，要有连续的追踪与回馈机制，以监控与评价师资训练的进程。

通过问卷调查、个人访谈、教学观察，了解教师的培训需求和反馈意见。然后，根据教师的反馈，及时调整培训计划，优化培训内容和方式。同时，还可以建立教师培训档案，记录教师的培训经历、学习成果和成长轨迹，为教师提供个性化的职业发展规划建议。通过持续跟踪与反馈机制，可以确保教师培训的质量和效果，促进教师的专业成长。

第三节 建立教师学习共同体以促进经验交流

在高等教育的广阔天地中，历史教师的专业成长与培训路径是一个复杂而多维度的话题。随着教育改革的深入，建立教师学习共同体以促进经验交流，成为提升历史教师教学质量和专业素养的重要途径。本节将深入探讨如何建立高校历史教师的学习共同体，以及这一共同体如何促进教师之间的经验交流和专业发展。

一、教师共同体的理念及其重要性

所谓"教师共同体"，指的是在教育教学的范畴内，基于一致的教育理念和追求，形成一种强调沟通、互动、深思及协同工作的群体模式。该理念借鉴了"人类命运共同体"的核心理念，并将其应用于教育实践之中。这个群体通过共同的教育理念和对专业成长的目标追求，把成员紧密联结起来，形成一个互相学习、共同进步的集体。

教师学习共同体的建立对于历史教师的专业成长具有深远意义。首先，它有助于推动教育知识的多元化融合，实现经验的汇集、继承与创新，进而激发教学智慧的生成与体系的构建。其次，通过共同体的互动与合作，历史教师可以分享教学心得、交流研究成果，从而不断提升自己的专业素养和教学能力。最后，构建教师共同体有助于提升教师的团队认同和归属体验，为教师不断进步注入持久动力。

二、教师学习共同体的构建策略

建立高校历史教师的学习共同体，需要从多个方面入手，制定切实可行的构建策略。

（一）确定共同愿景与目标

教师学习共同体的构建首先需要确定共同的愿景与目标。这种理想应该建立在平等和全面的对话交流基础上，从自上而下的单向传播转向双向的互动交流。通过咨询建立一个共识，既能满足教师的自我发展需要，又能满足多样化的教师队伍的发展需要。对于历史教师而言，共同的愿景可以包括提升历史教学质量、促进学生历史素养的培养、推动历史教育研究的深入等。

这些愿景将成为教师学习共同体行动的指南，引领教师朝着共同的目标努力。

（二）建立多样化的交流平台

为促进教师之间的经验交流，需要建立多样化的交流平台。这些平台可以包括线上论坛、线下研讨会、工作坊等。通过这些平台，历史教师可以分享自己的教学心得、研究成果和实践经验，同时也可以向其他教师学习新的教学方法和理念。例如，可以定期举办历史教育研讨会，邀请校内外专家举办讲座和交流。此外，还可以建立线上论坛，鼓励教师随时随地进行交流和讨论。这些交流平台的建立将有助于打破时空限制，促进教师之间的深入交流与合作。

（三）鼓励教师自主发展与合作研究

教师学习共同体的构建可以鼓励教师自主发展与合作研究。每位教师都应具备主动学习、提升和分享的意愿和共识，通过自我反思和持续学习来提升自己的专业素养。同时，教师之间应开展合作研究，共同解决教学中的实际问题，推动历史教育研究的深入。为鼓励教师自主发展与合作研究，学校可以提供相应的制度保障和资源支持。例如，可以设立专项基金支持教师的科研项目，提供必要的设备和材料；可以组织定期的学术交流和研讨活动，为教师提供展示自己研究成果的平台；还可以建立教师成长档案袋，记录每位教师的成长历程和成果，激励他们不断追求卓越。

（四）引入专家引领与指导

专家引领是教师学习共同体构建的重要组成部分。通过引入校内外专家进行指导和培训，可以提升历史教师的专业素养和教学能力。这些专家可以是知名学者、教研员、优秀教师等，他们具有丰富的教学经验和深厚的学术功底，能为教师们提供宝贵的建议和指导。在引入专家引领的过程中，应注重与教师的平等互动。专家应走出理论的象牙塔，深入教学一线了解真实的教育；教师也应积极主动地与专家进行交流和沟通，将专家的理论与自己的教学实践相结合。这种平等互动的关系将有助于推动教师学习共同体的持续发展。

三、教师学习共同体在历史教师培训中的应用

教师学习共同体在历史教师培训中具有广泛的应用价值。通过共同体的互动与合作，可以提升历史教师的专业素养和教学能力，推动历史教育的改革与发展。

（一）促进历史学科知识的更新与拓展

历史学科知识是历史教师专业素养的重要组成部分。随着历史研究的不断深入和新的历史研究成果的不断涌现，历史教师需要不断学习新的历史学科知识，更新自己的知识结构。在教师学习共同体中，历史教师可以分享最新的历史研究成果和教学心得，相互学习和借鉴，从而促进历史学科知识的更新与拓展。

（二）提升历史教学方法与手段的创新与应用

历史教学需要多样化的教学方法和手段。在教师学习共同体中，历史教师可以交流和探讨新的教学方法和手段，如多媒体教学、课堂互动、案例教学等。通过共同体的互动与合作，历史教师可以相互学习和借鉴先进的教学方法和手段，提升自己的教学水平和教学效果。

（三）推动历史教育研究的深入与发展

历史教育研究是推动历史教育改革与发展的重要动力。在教师学习共同体中，历史教师可以共同开展教育研究项目，探讨历史教学中的实际问题，提出解决方案和改进措施。通过共同体的合作研究，可以推动历史教育研究的深入与发展，为历史教育的改革与发展提供有力的支持。

（四）教师学习共同体建设的实践案例

以北京一零一中教育集团为例，该集团根据建立"教师学习社区""根据当地实际情况"进行大量的"行动研究"与"实践"相结合的教学模式，建立了"三维"的教育培训系统。该系统对推动教师专业发展和教师领导能力的提高具有重要的参考价值。

北京一零一中教育集团以"教师学习共同体"为杠杆支点，巧妙撬动教师发展的内生动力。以教师成长社区为基础，建立了面向全体教师的纵向和横向一体化的教师培训体系。在"链式培养"的基础上，构建起一条相互关联、实时交互的"链锁"，在学校内构建起前辈培育晚辈、平辈相互学习、晚辈反哺前辈的环境。

在实践过程中，北京一零一中教育集团注重多维度、多元化的教师群体的共同体建设。通过对教学价值观和职业发展的共同认识，每位参加学习社区的教师都要主动地学习，不断进步、不断分享。这样的社区构建有利于形成多元的、经验的聚集、传承和转换，从而推动了教育知识的形成和构建。同时，北京一零一中教育集团还注重制度保障和平台搭建。学校主动搭建平台，提供应有的制度保障，以保证共同体中日常教学教研活动的有效开展。通过邀请名家引领指导、给予多方位指导及搭建多方位交流平台等助力教师多层次、高水平发展。

经过多年的实践探索，北京一零一中教育集团的教师学习共同体建设取得显著成效。参与"教师学习共同体"项目的教师人数大大提高，他们在解决教育教学中的困惑、指导如何做科研、能够改变学生的学习方式、优化自己的教育教学方式、提高教科研能力等各个层面都得到显著提升。

建立高校历史教师的学习共同体是促进教师经验交流和专业发展的重要途径。通过确定共同愿景与目标、建立多样化的交流平台、鼓励教师自主发展与合作研究、引入专家引领与指导等策略，可以构建起一个充满活力、互相学习、共同进步的教师学习共同体。这一共同体将有助于提升历史教师的专业素养和教学能力，推动历史教育的改革与发展。在实践中，高校应结合自身实际情况，积极探索适合本校特点的教师学习共同体建设模式。通过不断总结经验、完善机制、优化平台等措施，推动教师学习共同体的持续发展。同时，还应注重发挥教师学习共同体在历史教师培训中的应用价值，通过共同体的互动与合作提升历史教师的专业素养和教学能力。

第四节　鼓励教师参与教学研究与改革项目实践

在高等教育的广阔舞台上，随着教育理念的不断更新和教育技术的飞速发展，鼓励高校历史教师积极参与教学研究与改革项目实践，已成为提升教学质量、推动历史教育创新的关键环节。本节将深入探讨如何有效鼓励历史教师投身教学研究与改革，以及这一过程中的实践路径与策略。

一、教学研究与改革项目实践的重要性

教学研究与改革项目实践是提升教学质量的重要途径。通过参与项目，历史教师可以深入探索教学方法、课程内容、评价体系等方面的创新，将最新的教育理念和研究成果应用于教学实践，从而优化教学过程。在项目实践中，教师需要不断学习新知识、新技能，反思自己的教学实践，这不仅能提升教师的专业素养，还能增强其创新意识和实践能力。历史教育需要不断创新以适应时代的需求。通过参与教学研究与改革项目，历史教师可以探索如

何将现代信息技术、跨学科整合等创新元素融入历史教学，从而推动历史教育的现代化和多元化发展。

二、鼓励教师参与的策略与路径

（一）建立激励机制

1. 物质奖励

高校可以设立专项基金，对参与教学研究与改革项目的历史教师给予经费支持，如研究经费、出版补贴等。同时，对于取得显著成果的教师，可以给予奖金、荣誉证书等物质奖励。

2. 精神激励

通过举办教学成果展示会、教学改革经验交流会等活动，让参与项目的教师有机会展示自己的成果和经验，增强其成就感和荣誉感。此外，还可以将参与项目作为教师职称晋升、岗位聘任的重要依据。

（二）提供培训与指导

1. 专业培训

高校可以定期举办历史教学研讨会、工作坊等，邀请国内外知名专家、学者举办讲座和指导，帮助历史教师了解最新的教育理念和教学方法。

2. 个性化指导

为参与项目的历史教师配备导师或组建指导团队，提供一对一或小组指导，帮助教师解决在项目实践中遇到的问题和困难。

（三）搭建合作平台

1. 校际合作

鼓励历史教师与其他高校的教师进行合作，共同开展教学研究与改革项目。通过校际合作，可以汇聚更多的智慧和资源，推动项目的深入实施。

2. 产学研合作

探索与历史研究机构、博物馆、档案馆等单位的合作，将历史研究与教学实践相结合，丰富教学内容和形式。

（四）营造良好氛围

1. 鼓励创新

高校应营造一种鼓励创新、宽容失败的良好氛围。对于参与教学研究与改革项目的历史教师，应给予充分的信任和支持，鼓励他们大胆尝试、勇于创新。

2. 加强交流

建立定期的教学研讨制度，鼓励历史教师之间互相交流教学经验、分享研究成果。教师通过交流可以碰撞出思维火花，促进教学研究与改革项目的不断深入。

三、教学研究与改革项目实践的具体案例

（一）数字化历史教学资源的开发与应用

随着信息技术的飞速发展，教育领域正经历着前所未有的变革。在这一背景下，数字化历史教学资源的开发与应用已成为历史教学研究与改革的重要方向，为传统历史教学注入新的活力。高校历史系教师应敏锐地捕捉到这一趋势，积极投身于数字化历史教学资源的开发与整合工作中。

历史是一门需要大量史料和实证的学科，传统的纸质资料不仅查找困难，而且难以直观展现历史事件的全貌。因此，可以利用先进的数字技术，将海量的历史文献、珍贵的图片、生动的音频和视频资源进行有效整合，构建一个内容丰富、形式多样的数字化历史教学资源库。这个资源库不仅涵盖从古代到现代的历史事件，还涉及政治、经济、文化等多个领域，为教师提供极大的便利，使他们能轻松获取所需的教学资源，从而提升备课效率。

更为重要的是，这个数字化资源库也为学生提供一个自主学习的平台。学生可以通过这个平台，根据自己的兴趣和需求，自由地浏览和学习历史资料。这种学习方式不仅打破了时间和空间的限制，还极大地激发了学生的学习兴趣和积极性。他们可以通过观看历史事件的视频、聆听历史人物的演讲，更加直观地感受历史的魅力，从而加深对历史知识的理解和记忆。通过这一项目，历史系教师团队不仅提升自身的信息技术应用能力，还推动历史教学的现代化和多元化发展。数字化教学资源的运用，不仅能丰富教学内容和形式，还能提高教学效果和学生的学习兴趣。

（二）跨学科整合在历史教学中的应用

跨学科整合是当前教育改革的重要趋势之一，其强调不同学科之间的融合与互动，以培养学生的综合素质和创新能力。高校历史系教师应积极响应这一改革号召，尝试将历史与其他学科进行整合，开展一系列跨学科的教学活动。

历史并不是孤立的，而是与政治、经济、文化等多个领域紧密相连的。

因此，团队选择与历史地理学、人类学、社会学等学科相结合，通过组织学生采用实地考察、专题研讨等方式，让学生在跨学科的学习中深入理解历史事件的背景和影响。例如，在讲述古代丝绸之路的历史时，不仅介绍丝绸之路的贸易路线和商品交流，还引导学生从地理学的角度分析丝绸之路的地理环境和交通条件，从人类学的角度探讨丝绸之路上的文化交流与民族融合，从社会学的角度研究丝绸之路对社会结构和经济发展的影响。

这种跨学科的教学方式，不仅拓宽学生的知识视野，还提升教师的跨学科教学能力。通过跨学科整合，能更加全面地理解历史事件的复杂性和多样性，也能更加深入地挖掘历史资料中的信息和价值。

（三）历史教学评价体系的改革

传统的历史教学评价往往侧重于学生的知识记忆和应试能力，而忽视了对学生历史思维能力和人文素养的培养。这种评价方式不仅无法全面反映学生的学习情况，还容易挫伤学生的学习积极性和创造力。因此，高校历史系教师应积极参与历史教学评价体系的改革项目，尝试构建一种多元化的评价体系。

历史教学不仅要让学生学会历史，还要让他们学会思考，了解人文精神。因此，在评价体系中增加课堂表现、小组讨论、历史小论文等多种评价方式。课堂表现能反映学生的参与度和思考深度；小组讨论能培养学生的合作精神和批判性思维；历史小论文则能锻炼学生的写作能力和独立思考能力。在多样化的评估制度下，教师不但可以对学生的学业有一个更加完整的认识，还能引导学生积极参与历史学习，培养其批判性思维和创新能力。学生也能在这种评价体系中，找到自己的优势和不足，明确自己的学习目标和方向。

（四）面临的挑战与对策

1. 挑战

（1）时间与精力投入。教学研究与改革项目实践需要教师投入大量的时间和精力，而高校教师往往面临繁重的教学和科研任务，时间和精力有限。

（2）资源获取。部分高校在资金、设备、资料等方面的支持不足，限制了教师参与教学研究和改革项目的积极性。

（3）传统观念束缚。一些教师受传统教学观念的影响，对新的教学理念和方法持保守态度，不愿尝试改革。

2. 对策

（1）合理安排时间。高校应合理安排教师的教学任务，为教师留出足够的时间参与教学研究与改革项目。同时，教师自身也应合理规划时间，提高工作效率。

（2）加大资源投入。高校应加大对教学研究与改革项目的资源投入，提供必要的资金、设备和资料支持。同时，教师还可以积极寻求外部资源的支持，如与其他高校、研究机构进行合作。

（3）转变教育观念。高校应加强对教师的培训和引导，帮助他们转变教育观念，接受新的教学理念和方法。同时，也能通过参与各种学术会议及学术研讨会，开阔眼界，掌握国内外的教学动向及科研进展。

让高校的历史教师参加教学科研和教学改革的活动，对于提高教学质量、促进教师专业发展及历史教学的创新具有十分重要的意义。通过建立激励机制、提供培训与指导、搭建合作平台、营造良好氛围等策略与路径，可以有效激发教师参与教学研究与改革的积极性与创造力，并且面对相关的挑战内容，高校与教师自身也应当积极寻求解决对策，保障教学研究与改革项目的顺利实施，并取得显著成效。

第五节　完善教师评价与激励机制促进专业发展

一、完善历史师范教育课程的实施与评估模式

一个优秀的教学计划，不仅需要周密的执行和严格的督导评估体系，还应确保其实施过程中不会出现偏差。

（一）关于充实教学内容的执行方式

在当前我国的教育体系中，存在诸多问题，如过分重视知识传授而忽视人才的培养，理论教学与实践应用之间的不平衡，以及单向灌输、记忆导向和封闭式教学方法的局限性。为实现师范教育课程在教学中的综合转换功能，必须对教学实践方式进行革新。建议以 18 周的实践周期为基础，全面规划见习、实习和研习活动，内容涵盖教师职业道德体验、教学实习、班级管理实习以及教学科研实践等。通过结合听课与研讨、观察与实习，以时间、任务和小组为单位，引导学生深入学习。加强与实践基地的合作，延长实习时间。实习基地的数量应根据教师资格认定的实习人数与教学实习基地总数的比例，即 201 : 1 来确定。为了从根本上改进实习模式并提升实习效

果，最有效的办法是制定并实施《师范生实习规则》。

构建"境脉"式教学战略。高校历史教师应当在课程开始之前就主动去思考怎样将理论应用到教学过程中，并且设计出更多与高校历史教学相关的场景，防止理论脱离实践。对于《中国史》与《中外史》教学，在学期内应当防止使用学生完全陌生的个案，在这门课程的教学过程中，应该采用启发式、互动式和讨论式的教学方式，将教育部和国家精品在线开放课程、远程名师工作坊、研学网等网络平台进行开放的教学与线下的教育有机地融合起来，并将老师的课程和学生的真实课程进行合理的结合。

（二）强化以课程质量为核心导向的评价体系

"教育评估影响着教育的发展方向，评估标准指引着学校的发展轨迹。"自 20 世纪末以来，我国教师教育的发展不尽如人意，其中一个主要原因是缺乏健全的质量监督和保证体系。近年来，为了"双一流"建设，科学性被置于首位，教师的评价逐渐被忽视。通常的课程评估主要依赖教师出题和批改，学生的参与度不高，无法确保课程质量。

为此，应以课程质量为中心，健全"以德为先"的评估指标，从系统地建构各学科的评估准则和方法开始，以保证每个学科的教育质量。在此基础上，通过调研、课题研究等手段，大力推进"评价判断"由"选拔优先"向"导向优先""创价判断"转型，健全以多元实证和多元主体为基础的课程质量全程监控与不断改善机制。尤其是要重视对师范生教师、教育行政部门等主要的利益相关方的不断跟踪和反馈机制的建立，学校应该对在校期间的学生进行全面的评价，并将其评价的结果应用到提高课程的质量上。

二、健全历史教育理论体系与研究范式

一门学科是否成熟，其特有的、系统的理论和模式是关键指标，这同样体现了其学术地位和学科话语权。

（一）完善我国历史教学法的基本原理

1989 年赵恒烈与王铎分别出版《历史教育学》，到 2019 年赵亚夫的《中学历史教育学》，国内已经有超出 20 部以"历史教育"命名的著作问世，尽管如此，"学科体系"与"学术性"的观念还没有形成，"课程定位未定"的问题依旧悬而未决。鉴于我国普通高校师资相对薄弱，为了填补历史教学理论架构的空白，学界积极推动并进行了深入研究，所以不同层面的修正力度

也存在一定差异。在社会上普遍认为"历史课程与教育学"领域最具成就，然而，"概念、体系、逻辑"等问题尚待解决，当前的研究大多是对历史教学实践进行的总结和归纳，缺乏对其进行更深层次的理论剖析和解释（见图11-1和图11-2）。

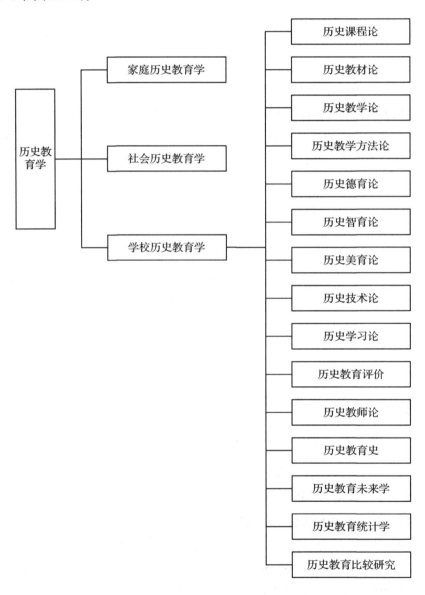

图 11-1　历史教育学的内涵及其结构

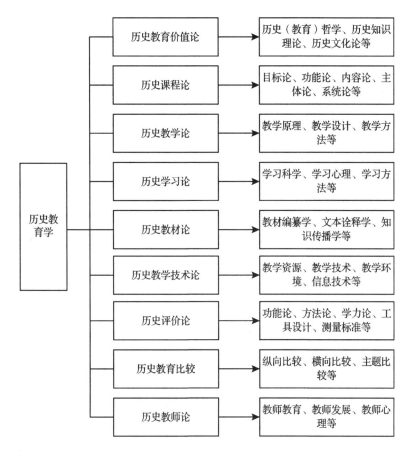

图 11-2 历史教育学的框架

关于教师理论和学习理论的研究，以及中国与国外的对比研究都处于摸索之中。历史认识论、历史教育原理、教育哲学等都需要进一步发展。中国历史教育研究的观念分类应以教育目的为核心，围绕历史课程学习、历史教学、学习方法、学习评价。此外，外国注重史料研究、历史思考、历史理解，并对其进行历史性的诠释与思考。

"哪一种观念系统对近代历史教学法的构建更有帮助？"聂幼犁在 20 世纪末提出，应从"历史教育的价值取向"（即"什么是有益的"）、"历史教育的价值"（即"何种研究最有成效"），对怎样建构高中历史教材进行研究。新时期的高校历史师资培养要有新的内容：理念、视角的更新，教学目的的转变。我们可以尝试打破目前分散的扩展结合方法，从历史的根源和本质的问题上，从哲学的角度，从目的论、本体论和认识论的角度来看，历史教育学的理论体系是方法论建构的基础。

（二）健全历史的教育研究范式

学术理论创新的追求是学术研究范式转换的核心所在，而这一转换的根基与关键则在于研究手段的创新。

长久以来，史学教育探究一直被封闭性、空泛讨论、孤立研究以及盲目模仿等研究方法所困扰，导致过去几十年间史学教育理论难以向纵深和系统化方向发展。尽管近年来课程改革促进了理念的更新，但进展仍需推进。首先，应吸取其他领域的探究技巧、思考路径及技术工具。现阶段，不少文科研究若不借鉴理工科的研究手段、思维方式和技术设施，深入挖掘将变得异常困难。跨学科研究手段的融合，已经成为推动学科发展的核心途径。例如，考古学在传统研究基础上，借助航空摄影、碳十四测年、花粉分析、地磁测量等科技，获得了更为丰厚的学术成果，而心灵史、环境史、影像史学等研究领域也在这一趋势下取得了显著成就。

融合认知语言学、文化人类学、哲学思考、机器人科技以及人工智能等跨学科领域的教育心理学，正步入一个被称作"后认知主义"的转型阶段。对于历史教育的研究而言，除了继承传统的文献解读和质性研究方法，还应当结合社会学、心理学等学科的研究技术和理论框架，综合运用调查研究、案例解析、行动研究以及叙事探究等多种研究路径。此外，不妨勇于尝试对"具身认知"进行深入探讨，分析学生在历史认知过程中思维活动与身体神经活动的互动关系，以期跳出以往历史认知被滥用而导致的理解匮乏的陷阱，进而科学地阐明并构筑起一个更加完善的历史学习理论体系。

其次，建立一套能体现历史教学性质的、具有独立性的学科学说体系是十分必要的。同时，它是一种既有历史又有教学性质的学科，并有自己的特色。史学关注过去，而其他学科则着眼于未来。历史教育不应简单套用教育学、心理学的理论，也不应成为西方理论的试验田。西方理论往往过于抽象，由于缺乏充分的历史事实和资料支持，我国的史学研究受到了极大的限制。布鲁姆的教学目标难以有效融入历史教学，而安德森对历史的理解分类也不够明确。基于此，结合个人特色，构建一套较为完善的教学理论体系，并对其进行深入研究是至关重要的。一门课程是否能真实反映其本质，一方面取决于它是否涵盖了研究对象、基本问题、核心概念和分类，另一方面是核心价值和精神。这正是笔者提倡建立特定历史教师专业课程体系和标准的原因。

第十二章　构建历史课程教学质量保障体系

第一节　建立教学质量标准与指标体系框架

一、建立教学质量标准的原则

教学质量，这一教育领域的核心要素犹如一条坚韧的生命线，贯穿于教育活动的始终，其不仅直接关联到教育目标的实现，而且深刻影响着人才培养的质量与社会的长远发展。在历史课程这一承载着文化传承与思维启迪重任的学科领域，其教学质量的高低显得尤为重要。因此，构建一套完善的教学质量标准与指标体系框架，对于确保历史课程教学的规范性、科学性和有效性，推动教学质量的持续提升，具有不可估量的价值。

（一）全面性原则：构建多维度的评价体系

全面性原则要求在制定教学质量标准时，必须视野开阔，综合考虑教师、学生、教学内容、教学方法、教学环境等多个维度。这意味着不仅要关注教师的教学水平、专业素养和创新能力，而且要重视学生的学习态度、知识掌握、能力提升以及情感价值观的培养。同时，教学目标是否明确、内容是否丰富且符合时代要求、方法是否多样且能有效激发学生学习兴趣、环境是否有利于学习活动的开展，都是评价教学质量不可或缺的部分。这样的多维度评价，能确保获得一个全面而准确的教学质量画像，为后续的改进提供坚实的基础。

（二）科学性原则：理论与实践的深度融合

科学性原则强调教学质量标准应根植于教育学理论的深厚土壤，同时紧密结合教学实践的丰富经验。这意味着标准的制定不仅要依据教育心理学、课程论、教学法等理论成果，而且要充分吸收一线教师的教学智慧，反映教学实践中的成功经验和普遍规律。通过理论与实践的深度融合，确保教学质量标准既具有理论的高度，又具备实践的可操作性，能真实、客观地反映教学实施的实际情况，为教师的教学行为提供科学的指导。

（三）重要性原则：聚焦核心指标

在全面性的基础上，重要性原则提醒要有所侧重，聚焦于那些对学生学业水平提升和教师教学能力展现具有关键作用的指标。这要求在设计指标体系时，要深入分析各指标与教学目标之间的关联度，识别出那些能直接反映教学质量核心要素的指标，如学生的历史思维能力、教师的课程设计能力、课堂互动的有效性等。通过突出重点，可以更加精准地把握教学质量的关键点，集中力量进行改进和提升。

（四）灵活性原则：适应性与创新性并重

面对教育改革的不断深化和社会发展的日新月异，教学质量标准必须具备足够的灵活性和可调整性。这意味着标准不仅要适应当前的教育环境和学生特点，而且要预留足够的空间，以便根据未来的教育发展趋势进行适时调整。同时，鼓励教师在遵循基本标准的基础上，结合个人特色和学生需求，进行教学方法和内容的创新，促进教学质量的持续进步。灵活性的引入，保证教学质量标准既不失其稳定性，又能保持与时俱进的生命力。

二、指标体系框架的构建

在构建历史课程教学质量保障体系的过程中，指标体系框架作为评价教学质量的核心工具，其设计的科学性和全面性直接关系到评价结果的准确性和有效性。如图 12-1 所示。

（一）教师维度

1. 教学能力

教师应具备深厚的历史知识基础，能准确讲述历史事件、人物和时代背景，确保教学内容的准确性和深度。在课堂教学中，教师要灵活使用讲授法、讨论法和个案分析法。通过各种形式的课堂活动，如角色扮演，增强课堂的趣味性和有效性。要保证教育的高品质，教师就必须具有较强的教学能力。

2. 教学态度

教师对历史教学的热爱和投入，能够感染学生，激发他们的学习热情。教师应对学生的学习负责，关注每位学生的学习进度和困难，并为其提供必要的帮助和支持。尊重学生的个性差异，因材施教，为不同水平的学生提供

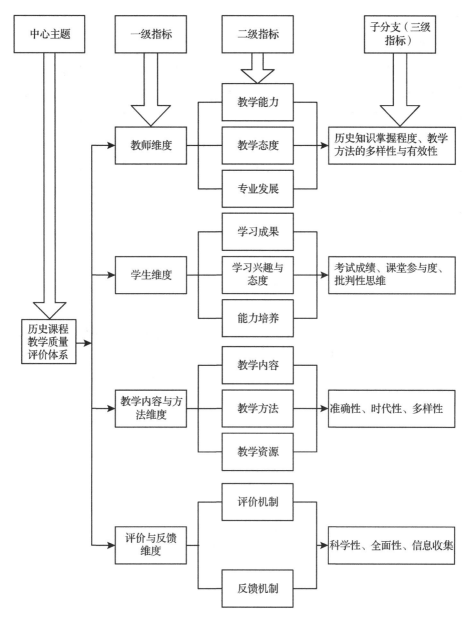

图 12-1　历史课程教学质量评价体系

适合的学习资源和指导。

3. 专业发展

教师应定期参加历史教学相关的培训和研讨会，更新教学理念和方法。鼓励教师参与历史学术研究，可以提升其学术素养，并将研究成果融入教学。教师应定期进行教学反思，总结教学经验，发现不足，寻求改进。

（二）学生维度

通过定期的考试，评估学生的学习成果，了解学生对历史知识的掌握情况。作业是检验学生学习效果的重要方式，教师应认真批改作业，及时向学生反馈。通过提问、讨论以及小组活动等形式，可以提升学生在课堂上的参与度。可以通过课堂表现、课后讨论等方式了解：学生是否主动预习、复习，是否愿意阅读历史书籍或资料；学生对待历史学习的认真程度，包括作业完成质量、课堂纪律等。通过历史学习，培养学生的批判性思维，使其能独立思考、分析历史事件。鼓励学生运用历史知识解决实际问题，培养创新思维和实践能力。历史教学应注重学生人文素养的培养，包括历史感、文化自信、国际视野等。

（三）教学内容与方法维度

教学内容应基于可靠的历史资料，确保历史事件的准确性和真实性。教学内容应紧跟时代步伐，反映历史发展的最新研究成果和观点。教学内容应针对学生的年龄特点和认知水平，保证课堂的高效、准确。为了满足不同类型学生的需要，要采用多种授课方式。在课堂上，要结合自己的实际，对课堂上的各种手段进行适当的调整，以达到最佳的教学效果。教学方法的选择和运用应以提高教学效果为目标，注重学生的参与度和反馈。教材应选用权威、系统的历史教材，确保教学内容的完整性和科学性。提供丰富的教辅资料，如历史地图、年表、图片等，以辅助教学。利用多媒体技术，如视频、音频、动画等，丰富教学手段，提高教学效果。

（四）评价与反馈维度

评价机制应基于科学的教育理论，确保评价的公正性和准确性。评价机制应涵盖教学的各个方面，包括教师、学生、教学内容、教学方法等。评价机制应具有可操作性，便于教师实施和学生学习。通过问卷调查、访谈等方式收集教学反馈信息。对收集到的信息进行整理和分析，找出教学中的问题和不足。根据反馈信息，及时调整教学策略和方法，改进教学质量。同时，鼓励师生对反馈进行积极响应，共同推动教学质量的提升。

第二节　实施教学过程监控与评估机制实践

构建历史课程教学质量保障体系，实施教学过程监控与评估机制，是确保教学质量、提升学生学习效果的重要措施。本节从实施教学过程监控与评估机制的实施策略、具体方法、评估主体与方式、反馈与改进机制等方面进行详细探讨（见图 12-2）。

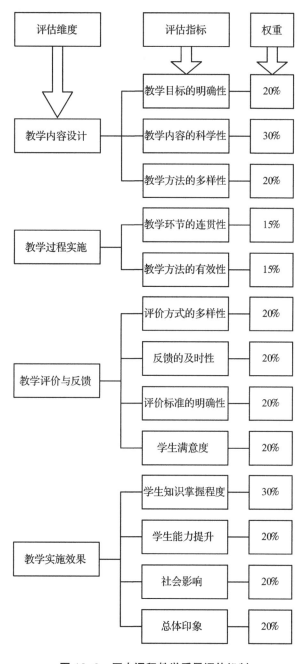

图 12-2　历史课程教学质量评估机制

教学过程监控与评估机制是教学质量保障体系的核心组成部分。其对提高教学质量、促进教师专业成长、优化学生学习效果具有重要意义。通过对课堂教学进行实时监测与评价，能使学生了解课堂上的一些问题与缺点，进而有针对性地进行改善，保证了课堂的教学质量。教学评估不仅是对教师教学效果的评价，也是对教师专业成长的一种激励和导向。通过评估，教师可以了解自己在教学中的优点和不足，这样才能更好地提高教师的教育水平和职业素质。

一、实施策略

（一）遵守原则

实施教学过程监控与评估机制需要遵循一定的策略，以确保评估工作的科学性、客观性和有效性。具体来说，实施策略所遵守的原则包括以下四个方面：

1. 系统性原则

其将对教育质量产生的各种因素、环节和载体进行密切的关联，使之成为一个有机体，对各个环节以及它们之间的相互关系进行全方位的审视。

2. 目标性原则

监控活动应紧紧围绕人才培养目标，合理选择监控要素，确保教学目标的实现。

3. 常态化原则

将教学质量监控融入日常教学活动，使其与教学活动有机结合，实现实时监控与持续改进。

4. 规范性原则

以学校的各项教学管理制度为依据，使监控活动制度化、规范化、标准化，保证教学工作的有序进行。

（二）具体方法

实施教学过程监控与评估机制需要采用多种具体方法，以确保评估工作的全面性和准确性。

1. 直接观察法

通过参与老师的备课、听课、检查学生的学习等形式，直接了解教学状况。虽然受时间和空间的限制，但方法直接、具体。例如，学校可以定期组织教学督导人员对教师的课堂教学进行随机听课，以了解教师的教学情况和学生的学习状态。

2. 评议法

校长将引导全体师生共同参与课堂活动，对教学工作进行总结和评估。评估方式多样，既可以针对教育工作的某个特定方面，也可以进行全面的、综合性的评价。例如，学校可以定期组织教学研讨会，邀请教师和学生代表就教学过程中的问题进行讨论和交流，以提出改进意见和建议。

3. 比较法

包括自我比较（如本学期与前一学期成绩对比）、校内同年级班级比较以及同其他学校进行成绩之间的对比等。在应用该评价体系时，要保证评价指标之间的可比性，并消除对评价指标的干扰。例如，学校可以对不同班级的历史课程考试成绩进行比较分析，以了解各班级的教学水平和学生的学习情况。

4. 追踪分析法

通过对毕业生在学校或工作岗位上的表现进行追踪分析，评估学校教育教学质量。例如，学院可以就其在较高级别的院校或职位中的工作情况，来评价该学院的历史教学品质。

5. 因果分析法

在对教学品质进行分析和评估时，进行原因分析，找出在随后的教育管理活动中加以调节和调控的关键，从而提升教育质量。例如，学校可以针对历史课程教学中存在的问题进行深入分析，找出问题的根源，并制定相应的改进措施。

6. 现代技术应用

利用督导巡课系统等现代信息技术，实现教学活动的实时监控与智能分析。这些系统能提供客观、量化的评估结果，为教学管理提供科学依据。例如，学校可以引入教学管理系统，对教师的备课、授课、作业批改等环节进行实时监控和分析，以了解教师的教学情况和学生的学习状态。

二、评估主体与方式

教学评估需要多元化的评估主体和多样化的评估方式，以确保评估结果的全面性和客观性。建立多元化的教学质量评估主体，包括学生、教师、教学管理人员、同行专家等。不同评估主体从不同角度对教学质量进行评价，能更全面、客观地反映教学情况。例如，学校可以组织学生、教师、教学管理人员和同行专家共同参与教学评价工作，以获取多方面的反馈意见和建议。

在评估方式中，可以采用多样化的评估方式，如问卷调查、座谈会、考试成绩分析、教学成果展示等。综合运用多种评估方式，可以更准确地评估教学质量。例如，学校可以定期组织学生进行问卷调查，了解他们对历史课程教学的意见和建议；同时，也可以组织教学管理人员和同行专家进行教学成果展示和评估活动，以了解教师的教学水平和专业素养。

三、反馈与改进机制

实施教学过程监控与评估机制后，需要及时对评估结果进行反馈和改进，以确保教学质量的持续提升。

（一）建立畅通的教学信息收集渠道

及时收集学生、教师和教学管理人员的意见和建议。可以通过设立意见箱、开通网上反馈平台、召开座谈会等方式收集信息。例如，学校可以设立教学意见箱和网上反馈平台，鼓励学生、教师和教学管理人员随时提出自己的意见和建议。同时，也可以定期召开座谈会，邀请各方代表就教学问题进行深入交流和讨论，找出存在的问题和不足，明确改进的方向和重点。例如，学校可以组织专门的教学评估小组对收集到的信息进行整理和分析，以了解教学中存在的问题和不足；同时，也可以邀请专家进行指导和帮助，以制定切实可行的改进措施。

（二）将分析结果及时反馈给相关部门和教师

督促相关部门与教师采取措施进行整改。例如，学校可以将分析结果及时反馈给历史课程教研组和相关教师，要求他们根据反馈意见进行整改和改进。同时，也可以组织教学管理人员进行督促和检查，以确保整改措施得到有效落实。对整改情况进行跟踪检查，确保问题得到有效解决。例如，学校可以定期组织教学督导人员对整改情况进行跟踪检查，以了解整改措施的执行情况和效果。同时，也可以邀请专家进行指导和帮助，以确保整改工作取得实效。

四、案例分析

以某高校历史课程教学质量监控与评估机制的实施为例，该中学通过以下措施构建完善的教学质量保障体系：

（一）成立教学评价领导小组

负责制定教学评价方案。评价方案包括评价目的、评价内容、评价方法和评价结果运用等方面。例如，该中学明确了教学评价的目的是促进教师专业成长、优化学生学习效果。评价内容包括教师的教学设计、教学实施、教学效果等方面；评价方法采用学生评价、同行评价、专家评价等多种方式；评价结果与教师绩效考核、职称评定、教学改进等方面挂钩。

（二）开展教学评价活动

根据教学评价方案，该中学定期开展学生评价、同行评价、专家评价等活动。例如，学校通过问卷调查、访谈等方式了解学生对教师教学水平和教学效果的评价；组织教师进行相互听课、评课活动；邀请教育专家对学校的教学工作进行评估和指导。

（三）对收集到的评价数据进行整理和分析

找出教师在教学过程中存在的问题和不足，为教师改进教学提供依据。例如，学校对收集到的评价数据进行整理和分析后，发现部分教师在教学方法、教学资源利用等方面存在问题，于是组织相关教师进行培训和指导，以提高他们的教学水平和专业素养。

（四）加强教师培训

针对教师在教学过程中存在的问题和不足，该中学定期组织教师参加各类培训和学习交流活动。例如，学校邀请历史学科专家到校讲学、组织教师参加教学研讨会和进修课程等，以提高他们的教学水平和专业素养。

（五）优化教学设计

鼓励教师结合学生实际和学科特点，创新教学设计，提高课堂教学效果。例如，为了提升学生的学习积极性，采用情景教学、项目教学等创新的教学方法。同时，也要求教师注重培养学生的历史思维能力和综合素质。

第三节　学生反馈与教学质量持续改进策略

学生反馈能直接反映教学过程中的实际情况，包括教师的教学态度、教学方法、教学内容以及学生的学习体验等。这些信息对于评估教学质量、发现教学问题具有重要价值。通过收集和分析学生反馈，教师可以了解自己在教学中的优点和不足，从而有针对性地改进教学方法、优化教学内容、提高教学质量。学生参与反馈过程，能感受到自己的意见被重视，从而激发他们的学习积极性和参与度，提高学习效果。

一、学生反馈的收集与分析

（一）学生反馈的收集

学校致力于构建多元化的信息交流平台，以便同学们能更便捷、更快速地表达自己的观点。这些渠道可以包括在线调查平台、面对面访谈、意见箱、电子邮件以及社交媒体和校园论坛等。学校应定期（如每学期末）进行学生满意度调查，以全面了解学生对教学质量、校园环境、课外活动等方面的反馈。同时，也可以不定期地针对特定问题进行专项调查，以获取更具体、更深入的反馈。为保护学生的隐私和确保反馈的真实性，学校可以采用匿名与实名反馈相结合的方式。对于涉及个人评价或敏感问题的反馈，可以鼓励学生采用匿名方式；对于建设性意见或改进建议，则可以鼓励学生采用实名方式，以便后续跟进和反馈。

（二）学生反馈的分析

使用数据清洗与分类整理方法，收集到反馈后，学校需要对数据进行清洗和分类整理。去除无效和重复的反馈，确保数据的准确性；将反馈按照不同的主题进行分类，如教学质量、课程内容、教师态度、学习体验等。随后对反馈进行量化处理，统计不同类别反馈的数量和比例，识别出主要的问题和改进点。同时，对具体的反馈内容进行深入分析，了解学生的具体需求和背后的原因。将分析结果整理成报告，向相关部门和教师进行汇报。反馈报告应包含问题的具体描述、影响程度、学生建议以及改进建议等内容。

二、基于反馈教学的质量持续改进策略

在历史课程的教学实践中，教学质量是教育工作的生命线，而持续改进则是提升教学质量的有效途径。基于学生反馈的教学质量改进策略，不仅体现以学生为中心的教育理念，也是实现教育目标、满足社会需求的重要保障。表 12-1 是对这一策略的详细阐述，旨在通过明确目标、制订计划、实施措施、跟踪与评估效果以及建立机制，全面推动历史课程教学质量的提升。

表 12-1　历史课程教学质量持续改进流程

步骤	主要内容	关键点
明确目标	分析反馈报告	识别问题点 归类问题类型 可衡量性（如满意度提升 10%） 可实现性（切实可行） 时限性（设定完成时间）
	归类问题	
	设定改进目标	
制订计划	制订改进计划	具体内容、实施步骤 分配责任人 时间安排 预期成果
	明确责任人	
	设定时间节点	
	预期效果描述	
实施措施	实施改进措施	沟通互动 管理层支持、教师配合 收集反馈、观察变化，分析原因
	强化执行力度	
	监测与反馈	
跟踪与评估效果	评估改进效果	学生反馈（问卷调查、访谈调查） 教学行为变化观察 考试成绩对比 深入分析、找出问题根源 调整教学计划、教学方法等
	分析问题	
	调整策略	
建立机制	建立持续改进机制	定期收集学生反馈 定期评估教学质量 更新与改进教学方法 保障教学质量稳步提升 提升学生满意度与获得感 培养学生的历史素养与人文精神
	定期评估教学质量	
	定期更新教学方法	
	长效管理	

（一）明确目标：精准定位，量化管理

明确目标是教学质量持续改进的第一步，也是至关重要的一环。根据反馈报告中的问题点和改进建议，需要对这些问题进行细致的分析和归类，确保每一个问题都被准确地识别出来。这些问题可能涉及教学内容的趣味性不足、教学方法的单一、教师互动的缺乏、教学设施的陈旧等多个方面。

在明确问题的基础上，要设定具有可衡量性、可实现性和时限性的改进目标。可衡量性意味着目标要具体、量化，能通过一定的指标来评估其达成情况，如学生满意度提升 10%、考试成绩平均分提高 5 分等。可实现性则要求目标要切实可行，既不过高也不过低，能激发教师的积极性和创造力。时限性则强调目标完成的时间节点，确保改进工作能够按计划推进，避免拖延和懈怠。

（二）制订计划：细化措施，明确责任

针对每个改进目标，需要制定具体的改进计划。改进计划是实施改进措施的行动指南，必须详细、具体、可操作。其应包括改进措施的具体内容、实施步骤、责任人、时间节点以及预期效果等方面。

在制定改进措施时，要充分考虑学生的需求和期望，确保改进措施能真正解决学生反映的问题。例如，针对教学内容趣味性不足的问题，可以增加与历史相关的案例分析、故事讲述等互动环节，激发学生的学习兴趣。针对教学方法单一的问题，可以引入项目式学习、合作学习等新型教学方法，提高学生的自主学习能力和团队协作能力。同时，要明确每个改进措施的责任人，确保每一项工作都有人负责、有人跟进。时间节点的设定也非常重要，其能帮助合理安排工作进度，确保改进措施能按时完成。预期效果的描述则能让教师对改进工作的成果有一个清晰的预期，便于后续的跟踪和评估。

（三）实施措施：注重沟通，强化执行

按照改进计划的要求，需要逐一实施改进措施。在实施过程中，要注重与学生的沟通和互动，确保改进措施能真正满足学生的需求和期望。要做到这一点，可以采取定期召开学生座谈会，进行问卷调查，掌握学生对改善工作的看法和反馈。同时，要强化执行力度，确保每一项改进措施都能得到有效落实。这需要学校管理层的大力支持和教师的积极配合。教师要以开放的心态接受新的教学方法和理念，勇于尝试和创新，不断提高自己的教学水平。在实施改进措施的过程中，还要注重效果的监测和反馈。通过定期收集学生的反馈意见、观察教学行为的变化以及分析考试成绩等方式，可以及时了解改进措施的实施效果，为后续的调整和优化提供依据。

（四）跟踪与评估效果：科学评估，及时调整

实施改进措施后，跟踪与评估改进效果是必不可少的一环。这不仅能验证改进措施的有效性，还能为后续的教学改进提供宝贵的经验和教训。

可以通过再次收集学生反馈来评估改进效果。同时，还可以观察教学行为的变化，如教师的教学方式、学生的参与度等，来评估改进措施的实施效果。此外，分析考试成绩也是评估改进效果的一种重要方式。通过对比改进

前后的考试成绩，可以直观地了解改进措施对学生学习成绩的影响。改进效果不明显或存在问题，要及时调整改进策略和方法。这需要对问题进行深入的分析和反思，找出问题的根源所在。然后，可以根据问题的性质和严重程度，采取相应的调整措施，如修改教学计划、更换教学方法、加强教师培训等。通过不断地调整和优化，可以确保改进措施能更加有效地提升教学质量。

（五）建立机制：长效管理，不断提升

教学质量持续改进是一个长期而艰巨的任务。为确保改进工作的持续性和有效性，需要建立持续改进机制。这一机制应包括定期收集和分析学生反馈、定期评估教学质量、定期更新与改进教学方法等多个方面。

定期评估教学质量则能全面了解教学质量的现状和问题，为制定改进计划提供科学的依据。定期更新与改进教学方法则是提升教学质量的重要途径，其能确保教学内容和方法的与时俱进，满足学生的多样化需求。通过建立持续改进机制，可以将教学质量持续改进作为一个长期任务来推进。这不仅能确保教学质量的稳步提升，还能不断提升学生的满意度和获得感。同时，也能为社会培养更多具有历史素养和人文精神的优秀人才，为国家的繁荣和发展贡献自己的力量。

三、案例分析

以某中学历史课程教学质量持续改进为例，该校通过以下措施实现基于学生反馈的教学质量持续改进。

第一，建立多样化的学生反馈渠道，包括在线调查平台、面对面访谈、意见箱和电子邮件等。每学期末进行一次全面的学生满意度调查，涵盖教学质量、课程内容、教师态度、学习体验等多个方面。收集到反馈后，该校对数据进行清洗和分类整理，形成详细的反馈报告。报告指出，部分学生对历史课程内容的趣味性和实用性表示不满，希望增加更多与实际生活相关的案例和互动环节。

第二，制定改进计划并实施。针对反馈报告中的问题点，该校制定了改进计划。具体措施包括优化历史课程内容，增加与现实生活相关的案例和互动环节；加强教师培训，提高教师的教学方法和技巧；改善教学设施，提供更舒适的学习环境等。在实施过程中，该校注重与学生的沟通和互动，确保改进措施符合学生的需求和期望。

第三，跟踪与评估改进效果。实施改进措施后，该校通过再次收集学生反馈、观察教学行为变化、分析考试成绩等方式来评估改进效果。评估结果显示，学生对历史课程的满意度显著提升，课程内容更加有趣和实用，学生的学习积极性和参与度也有所提高。

第四，建立持续改进机制。该校将持续改进教学质量作为一个长期任务来推进。建立持续改进机制，包括定期收集和分析学生反馈、定期评估教学质量、定期更新和改进教学方法等。通过持续改进机制，该校不断提升历史课程的教学质量和学生满意度。

第四节　教学资源投入与优化配置路径探索

构建历史课程教学质量保障体系，教学资源投入与优化配置是其中极为重要的一环。历史课程作为培养学生综合素质、引领其成为有国家意识和文化自信的公民的重要途径，其教学质量直接关系到学生的历史素养和综合素质的提升。因此，探索教学资源投入与优化配置的有效路径，对于提高历史课程教学质量、促进学生全面发展具有重要意义。

一、教学资源投入的路径探索

（一）加大政府投入，优化资源配置

政府应加大对历史课程教学的投入力度，确保历史课程拥有充足的教学资源和设施，其中包括购买教学用具、扩建图书馆、改善实验室等。通过增加教育经费的支出，学校可以提供更好的教育环境，为历史课程教学提供有力支持。同时，政府应优化教育资源的配置，将更多的优质教育资源向农村和欠发达地区倾斜，缩小城乡之间的教育差距。针对农村学校师资力量薄弱的问题，可以通过培养全科教师、补充特岗教师等方式，提升农村教师队伍的整体素质。全科教师能承担多门课程的教学任务，有助于缓解农村学校师资短缺的问题。

（二）推行公平的招生政策

教育资源的不均衡往往与招生政策的不公平有关。为了解决这一问题，政府应当制定透明公正的招生政策，减少腐败现象的发生。同时，要加大对弱势群体的扶持力度，为贫困家庭的孩子提供更多的教育机会。此外，政府还可以

通过实施奖学金和助学金政策，鼓励有优秀才能但经济条件较差的学生进入高等教育机构，使教育资源均衡分配。除了政府的投入外，还应鼓励社会各界参与历史课程教学的投入。企业、社会组织以及个人可以通过捐赠、赞助等方式，为历史课程提供资金、物资和技术支持。政府可以出台相关政策，给予这些参与者一定的税收优惠或其他激励措施，以吸引更多社会力量的参与。

二、教学资源优化配置的路径探索

（一）建立科学的评估体系

为了实现教学资源的优化配置，政府应建立完善的评估体系，评估体系应包括教学内容、教学方法、学生学习效果等多个方面，确保评估的全面性和准确性。在历史课程教学中，应根据课程需求灵活调整兼职与全职教师的比例。在高峰期增加兼职教师以应对临时性的需求增长，而在需求较低时则主要依赖全职教师维持稳定的教学质量和团队凝聚力。此外，对于特定项目或短期课程，可以采取项目制合作方式，邀请外部专家或讲师参与，既保证教学质量，又避免长期雇佣的成本。

（二）利用现代信息技术实现精准招聘与培训

在历史课程教师的招聘过程中，应明确所需教师的专业背景、教学经验和技能要求，通过精准招聘减少不必要的人力成本浪费。同时，建立教师培训体系，对有志于教育事业的员工进行内部培养，提升他们的教学能力和职业素养。这样既能满足长期用人需求，又能增强团队凝聚力。现代信息技术的发展为教学资源的优化配置提供了新途径。政府应鼓励和支持利用现代信息技术打破地域限制，让优质教育资源惠及更广泛的人群。特别是农村学生，可以通过网络课程等方式接触到更多优质的教育资源。

三、教学资源投入与优化配置的具体措施

历史课程作为培养学生综合素质、引领其成为具有国家意识和文化自信公民的重要途径，其教学质量的提升至关重要。为了全面保障历史课程的教学质量，政府和教育机构需要从教材建设、教师待遇、教学方法创新以及教学质量监控等多个方面入手，形成一套完整且高效的质量保障体系。

（一）加大历史课程教材建设投入，奠定坚实教学基础

历史课程教材是教学的重要载体，其质量直接关系教学效果的优劣。因

此，政府应高度重视历史课程教材的建设工作，加大投入力度，确保教材的高质量。具体而言，政府应组织专家团队，包括历史学家、教育学家以及一线教师等，共同编写具有科学性、准确性和时代性的历史教材。这些教材不仅要准确反映历史事实，还要符合学生的认知特点和兴趣需求，以激发学生的学习兴趣和提高学生的积极性。

在教材编写过程中，应注重内容的全面性和系统性，确保学生能通过教材学习到完整的历史知识。同时，教材还应体现时代精神，融入最新的历史研究成果和观点，使学生能及时了解到历史学的最新发展。此外，政府还应鼓励教材编写机构与一线教师、学者等合作，通过定期的研讨和交流，共同完善教材内容，确保教材的实用性和针对性。除了教材本身的编写，政府还应加大对历史课程教学设施建设的投入力度。这包括改善教室环境，提供充足的教学空间；加强图书馆建设，丰富历史书籍和资料；完善实验室设施，为历史实验教学提供条件。同时，还应配备先进的教学设备和工具，如多媒体教学设备、历史文物复制品等，以直观、生动的方式呈现历史知识，提高教学效果和学生的学习兴趣。

（二）提升历史课程教师待遇，激发教师工作热情

历史课程教师的待遇直接影响到其工作积极性和教学质量。因此，政府应采取措施提高历史课程教师的工资待遇和福利水平，确保教师的收入与其付出相匹配。这不仅能吸引更多优秀人才从事历史教学工作，还能稳定现有教师队伍，减少人才流失。

除了物质待遇的提升，政府还应建立完善的教师激励机制。通过设立奖项、提供晋升机会等方式，对表现优秀的教师进行表彰和奖励，激发其工作热情和创造力。同时，还应加强教师职业荣誉感的培养，让教师感受到自己职业的社会价值和意义，从而投入到教学工作中去。此外，政府还应关注历史课程教师的专业发展。通过组织培训、研讨会等活动，为教师提供学习和交流的平台，帮助其更新教育理念、提高教学技能。这不仅能提升教师的专业素养，还能促进历史教学质量的整体提升。

（三）推广历史课程教学方法创新，提高教学质量

历史课程教学方法的创新是提高教学质量的重要途径。政府应鼓励和支持历史课程教师探索新的教学方法和手段，如情境教学、问题导向教学、项目式学习等。

情境教学是指通过对历史情景进行模拟，还原历史情境，使学生在情境中体验历史，以加强对历史的认识与记忆。问题导向教学是一种以学生为主体的教育模式，它是一种以学生为主体的教育模式。项目式学习则鼓励学生围绕某个主题或问题进行深入研究，通过团队合作、资料收集、成果展示等方式，培养其综合素养和创新能力。在推广新的教学方法和手段的同时，政府还应加强教师培训和学习交流。通过组织专题培训、教学观摩等活动，让教师了解最新的教学理念和方法，并为其提供实践和交流的机会。这不仅能提升教师的教学能力，还能促进历史教学方法的不断创新和发展。

（四）建立历史课程教学质量监控机制，保障教学质量

建立历史课程教学质量监控机制是保障教学质量的有效手段。政府应制定历史课程教学质量标准和评估指标体系，定期对历史课程教学质量进行评估和监控。这包括对学生的学习成绩、教师的教学效果、教材的使用情况等进行全面评估，以确保教学质量的稳步提升。可以通过设立学生评价系统、开展问卷调查等方式听取学生的声音，了解他们的需求和期望，从而使教师能及时调整教学策略和方法，更好地满足学生的学习需求。

第五节　教学质量保障体系效果评估与改进建议

教学质量是教育工作的生命线，对于历史课程而言，构建一个完善的教学质量保障体系至关重要。这一体系不仅关乎学生历史知识的积累与理解，也关乎学生历史素养、创新思维及实践能力的培养。本节将重点探讨历史课程教学质量保障体系的效果评估与改进建议。

一、教学质量保障体系效果评估

教学质量保障体系的效果评估是确保体系有效运行的关键环节。评估应全面、科学、公正，涵盖教学目标与规划、教学内容与教学资源、教学方法与策略、教师资质与教学能力、学生学习效果等多个方面（见图12-3）。

（一）教学目标与规划：明确导向，精准定位

教学目标是教学活动的出发点和归宿，其明确性和可测量性是评估教学质量保障体系的首要标准。教学目标不仅需要紧密贴合学生的实际需求，而且应与国家课程标准相契合，确保教育的方向性和时代性。明确的教学目标

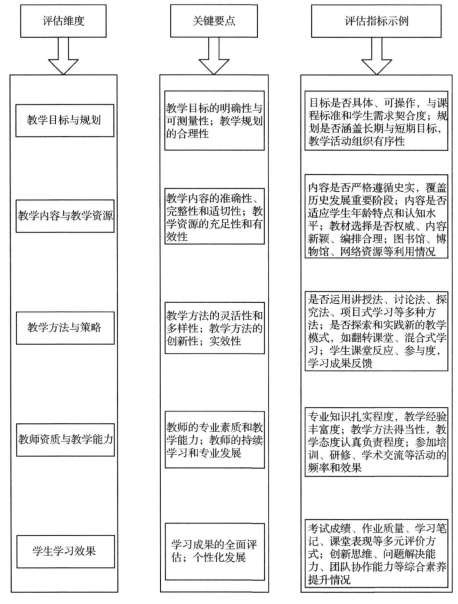

评估维度	关键要点	评估指标示例
教学目标与规划	教学目标的明确性与可测量性；教学规划的合理性	目标是否具体、可操作，与课程标准和学生需求契合度；规划是否涵盖长期与短期目标，教学活动组织有序性
教学内容与教学资源	教学内容的准确性、完整性和适切性；教学资源的充足性和有效性	内容是否严格遵循史实，覆盖历史发展重要阶段；内容是否适应学生年龄特点和认知水平；教材选择是否权威、内容新颖、编排合理；图书馆、博物馆、网络资源等利用情况
教学方法与策略	教学方法的灵活性和多样性；教学方法的创新性；实效性	是否运用讲授法、讨论法、探究法、项目式学习等多种方法；是否探索和实践新的教学模式，如翻转课堂、混合式学习；学生课堂反应、参与度，学习成果反馈
教师资质与教学能力	教师的专业素质和教学能力；教师的持续学习和专业发展	专业知识扎实程度，教学经验丰富度；教学方法得当性，教学态度认真负责程度；参加培训、研修、学术交流等活动的频率和效果
学生学习效果	学习成果的全面评估；个性化发展	考试成绩、作业质量、学习笔记、课堂表现等多元评价方式；创新思维、问题解决能力、团队协作能力等综合素养提升情况

图 12-3　教学质量保障体系效果评估

应当具体、可操作，便于教师和学生共同把握学习方向，也为教学效果的评估提供清晰的标尺。

教学规划作为实现教学目标的路线图，其合理性、系统性和可行性至关重要。规划应涵盖长期目标与短期目标的设定、教学内容的合理安排、教学活动的有序组织以及评估反馈机制的建立等多个层面。通过评估教学规划在实际操作中的执行情况，可以及时发现规划中的不足，调整教学策略，确保教学目标的有效完成。

（二）教学内容与教学资源：科学严谨，丰富多样

教学内容的准确性、完整性和适切性是保障教学质量的基础。历史课程的教学内容应严格遵循史实，确保知识的真实性；同时，内容体系应完整，覆盖历史发展的各个重要阶段和关键节点，使学生能构建起全面的历史知识体系。此外，教学内容还需要适应学生的年龄特点和认知水平，既不过于深奥难懂，也不失深度广度，以激发学生的学习兴趣和探索欲望。

教学资源的充足性和有效性是提升教学质量的重要保障。评估时应重点关注教材的选择是否权威、内容是否新颖、编排是否合理；同时，还应考察学校是否充分利用了图书馆、博物馆、网络资源等多种教学资源，以及教师是否能有效开发和整合这些资源，为教学提供丰富多样的素材和支撑。

（三）教学方法与策略：灵活多样，注重实效

教学方法和策略的选择与运用直接影响教学效果。评估时应重点关注教师是否能根据学生的不同学习风格和需求，灵活运用讲授法、讨论法、探究法、项目式学习等多种教学方法。教学方法的创新性也是评估的重要方面，鼓励教师不断探索和实践新的教学模式，如翻转课堂、混合式学习等，以适应信息时代的教学需求。

实效性是评估教学方法和策略的关键指标。通过观察学生在课堂上的反应、参与度以及学习成果的反馈，可以评估教学方法是否真正促进了学生的知识掌握和能力提升。

（四）教师资质与教学能力：专业引领，持续发展

教师是教学质量保障体系的核心要素。评估时应全面考察教师的专业素质和教学能力，包括其专业知识是否扎实、教学经验是否丰富、教学方法是否得当、教学态度是否认真负责等。此外，教师的持续学习和专业发展也是评估的重要内容，因此应鼓励教师参加培训、研修、学术交流等活动，不断提升自身的教育教学水平。

（五）学生学习效果：全面评估，个性化发展

学生学习效果是评估教学质量保障体系效果的最终体现。评估时应采用多元化的评价方式，涵盖学业评测、作业完成度、笔记整理以及在课堂上的互动情况，旨在全方位掌握学生的学习成效、知识掌握程度和学习心态。同时，还应关注学生的个性化发展，评估其在学习过程中的创新思维、问题解决能力、团队协作能力等综合素养的提升情况。对学生学习效果的全面评估，可以为教学改进提供有力的依据，促进教学质量的持续提升。

二、改进建议

针对历史课程教学质量保障体系的效果评估结果，我们深入剖析了当前存在的问题与挑战，并在此基础上提出了一系列全面而细致的改进建议，旨在进一步提升教学质量，促进学生的全面发展，为培养具有深厚历史素养、敏锐创新思维和扎实实践能力的新时代人才奠定坚实基础。

（一）引入多元化的教学方法，激发学习潜能

面对学生群体的多样性与个性化需求，单一的教学方法已经难以满足所有学生的学习期待。因此，我们必须积极探索并实践多元化的教学方法，以适应不同类型、兴趣、背景的学生。通过小组讨论、角色扮演、辩论赛等形式，让学生成为课堂的主体，鼓励他们主动探索历史知识，提出自己的观点，从而加深对知识的理解和记忆。这种教学方式不仅能提升学生的参与度，还能有效锻炼他们的批判性思维和口头表达能力。借助网络优势，打造精品在线课程资源，为学生营造自主选择、多元互动的学习环境，如视频讲座、在线测试、互动问答等。学生可以根据自己的时间安排和兴趣点，自主选择学习内容，实现个性化学习。

围绕特定历史主题或问题，组织学生开展项目研究，鼓励他们通过团队合作完成资料收集、分析、讨论和成果展示。这一过程不仅能帮助学生将理论知识应用于实践，还能培养他们的团队协作能力和解决问题的能力。将创新思维和实践能力的培养融入日常教学中，通过组织学生参与历史小课题研究、模拟历史场景创作、历史文化产品设计等活动，激发学生的创造力和想象力，使他们能在历史学习中发现新视角，提出新见解。

（二）优化教师培训与评估机制，提升教师专业素养

教师是教学质量的关键。为了提升历史课程的教学质量，必须重视教师的专业成长和发展。定期邀请知名学者、教育专家进行专题讲座，组织教师参加国内外学术会议，鼓励教师参与课题研究，不断更新教育理念，提升专业素

养。在教师培训中强调素质教育的重要性，引导教师关注学生的个体差异，注重情感教育，激发学生的内在动力，培养学生的社会责任感和创新精神。

建立多元化、全面的教师评价体系，不仅考察教师的教学成果，也要关注其教学方法的创新性、学生满意度、同事评价等，促进教师的全面发展。建立有效的家校沟通机制，如定期召开家长会、开展家访活动、利用社交媒体平台分享学生进步等，增强家长对学校教育的理解和支持，共同促进学生的健康成长。

（三）持续改善教学设施与资源，打造现代化学习环境

教学设施与资源的优劣直接影响教学质量。因此，必须持续投入，不断优化教学条件。加大资金投入，更新教室设备，如引入智能黑板、多媒体教学系统等，提升课堂教学的互动性和趣味性。同时，加强图书馆建设，丰富历史书籍和资料，为学生提供良好的阅读环境。积极开发和利用数字化教学资源，如建设在线历史博物馆、虚拟历史场景等，利用 VR、AR 等先进技术，让学生身临其境地感受历史，增强学习的直观性和趣味性。建立完善的教学质量监控体系，定期对教学过程、学生学习效果、教师教学质量等进行全面评估。通过数据分析，及时发现教学中存在的问题，提出改进措施，确保教学质量稳步提升。

（四）加强质量文化与全球化合作交流，拓宽教育视野

将质量意识融入学校文化的每一个角落，通过制定明确的质量方针、目标和质量标准，引导全校师生共同关注教学质量，形成追求卓越、持续改进的良好氛围。积极参与国际教育交流活动，开展师生互访、联合研究项目等。通过国际交流，引进国外先进的教育理念和教学方法，同时展示我国历史教育的成果，提升国际影响力。根据教育发展的趋势和社会对人才的需求变化，定期修订历史课程标准，确保教学内容既符合学术规范，又贴近时代脉搏，培养学生的国际视野和跨文化交流能力。

综上所述，构建历史课程教学质量保障体系是一个系统工程，需要我们从教学方法、教师培训、教学设施、质量文化、国际合作等多个维度入手，全面提升教学质量，为学生的全面发展提供有力支撑。通过持续的努力和改进，就能培养出更多具有深厚历史底蕴、创新思维和实践能力的优秀人才，为国家的未来发展贡献力量。

参考文献

［1］陈园园，张岩竹，迟青峰.《中国近现代史纲要》实践教程［M］. 北京：中国民主法制出版社，2022.

［2］陈峥，张季，苏国辉.地方优秀历史文化资源融入高校"纲要"课社会实践教学［M］.北京：九州出版社，2020.

［3］程艳，丁祥艳.高校思想政治理论课"听读写说行"教学模式研究［M］.北京：新华出版社，2020.

［4］邓庆平.中国社会史十讲［M］.北京：光明日报出版社，2021.

［5］邸志萍，何建国.课程思政视域下高校历史教育创新研究［J］.大学（思政教研），2024（9）：137-140.

［6］高冕，封丽.美国高校口述历史教育实践特色及启示研究［J］.图书馆学研究，2021（10）：11-17+38.

［7］何林.深挖红色文化资源　创新高校历史教学［N］.中国文化报，2024-08-23（003）.

［8］黄剑.从研究现在到关注未来［M］.北京：光明日报出版社，2020.

［9］冷宣卓，关娴娴.课程思政背景下历史专业师范生德育培养策略——以历史教育实践课程为例［J］.大学教育，2024（15）：107-112.

［10］李飞鹏.现代高校体育教学协同发展的路径研究［J］.当代体育科技，2024，14（20）：66-70+105.

［11］李庆峰，孙玲玲.新编形势与政策教育［M］.北京：化学工业出版社，2018.

［12］李文杰.高中历史教学中的空间逻辑思维建构研究［D］.云南师范大学硕士学位论文，2024.

［13］李娅.高中历史法制史教学研究——以选择性必修 1 为例［D］.云南师范大学硕士学位论文，2024.

［14］李颖."两个结合"赋能高校思政课教学高质量发展［N］.重庆科技报，2024-11-05（003）.

［15］楼建军.学校历史教育学研究问题及目标策略新探［J］.天津师范大学学报（基础教育版），2021，22（4）：67-72.

［16］陆小赛.高校陈列馆与实物虚拟化表现教学［M］.杭州：浙江大学出版社，2019.

［17］闵红."双新"背景下高中历史课程资源开发的校本化探索［J］.历史教学问题，2023（6）：175-178.

［18］沈名杰.创新创业教育与创意素描课程教学的融合探索［M］.北京：中国纺织出版社，2019.

［19］田馨，李嘉莉.提高高校"四史"课程建设的有效路径研究［J］.教育理论与实践，2024，44（9）：37-40.

［20］王百岁.高校历史教学课程思政的探索实践［J］.中学历史教学参考，2024（26）：76-79.

［21］王经伟.铸牢中华民族共同体意识视域下"纲要"课程与高中历史课程衔接路径研究［J］.黑龙江教育（教育与教学），2024（10）：31-33.

［22］王倩丽.高中历史课程中社会生活史内容教学研究［D］.贵州民族大学硕士学位论文，2024.

［23］王文礼.对美国《高校入学要求委员会报告》的考察［J］.高教发展与评估，2019，35（4）：11-24+74+10002-10003.

［24］熊梅，赵娣."项目学习＋混合式"模式在高校历史教学中的应用［J］.大学（教学与教育），2024（9）：79-82.

［25］姚群民，余守萍，甘培强，等.中国近现代史纲要实践教程［M］.南京：南京大学出版社，2017.

［26］殷玲玲，李昊欣.新时代高校思想政治理论课以史育人的实践探索［J］.教育理论与实践，2024，44（27）：45-48.

［27］张乃和.中学历史学科核心素养教育的几个理论问题——兼评《中学历史学科核心素养的教学与评价》［J］.历史教学（上半月刊），2021（8）：69-72.

［28］张澍军.学科重要理论探索［M］.北京：中国人民大学出版社，2018.

［29］郑京日.新时代民族地区高校历史教学中的意识形态探究［J］.延

边大学学报（社会科学版），2020，53（5）：83-89+142.

　　[30]周越.高质量发展背景下高校"历史地理学"课程思政的教学探索与实践[J].文教资料，2024（11）：56-59.